Chefredaktion: Ilse Hell
Redaktion: Simone Steger
Redaktionsassistenz: Eva Doss
Abbildungen: Lidman Production, Stockholm;
Gruppo Editoriale Fabbri, Mailand
Gestaltung: Axel Ganguin
Produktion: Wolfram Friedrich

ISBN 3-8174-5583-6
5455831

Besuchen Sie uns im Internet: www.compactverlag.de

Inhalt

Antike 5

Griechische Antike 5
Römische Antike 14

Mittelalter 25

Frühes Christentum
und Byzanz 25
Romanik 31
Gotik 39

Renaissance 50

Die Frührenaissance 50
Hochrenaissance 57
Spätrenaissance 63

Barock und Rokoko 69

Barock 69
Rokoko 80

Vom Klassizismus zum Jugendstil 86

Klassizismus 86
Historismus 93
Ingenieurarchitektur 97
Jugendstil 101

Moderne 105

Neue Sachlichkeit und Internationaler Stil 105
Expressionismus und Plastische Architektur 112
Gegenwart 117

Register 124

Antike

In den ersten Hochkulturen ist die Bauwissenschaft eine geheime Kunst, deren Lehren nicht nach außen weitergegeben werden dürfen. Erst Griechen und Römer schaffen eine Architektur, die öffentlich diskutiert und dynamisch weiterentwickelt wird. Ihre wissenschaftlichen Lehren und technischen Fertigkeiten werden zur Grundlage aller Epochen. Schönheit und Harmonie der antiken Gebäude inspirieren spätere Stilrichtungen.

Kolosseum, Rom

Griechische Antike

Um das Jahr 1100 v. Chr. wandern die Dorer als Letzter der griechischen Stämme von Norden her in ihre heutige Heimat ein und zerstören dabei alte Kulturen wie die minoische auf Kreta und die mykenische auf dem Peloponnes. Es folgt eine Zeit des Umbruchs von fünf Jahrhunderten, in der nur kleine Tempel aus Holz, Ziegeln und Bruchsteinen entstehen. Erst um 700 v. Chr. bildet sich eine gemeinsame Kultur heraus. Die frühe, **archaische, Periode** dauert bis zum Jahr 480 v. Chr., in dem die Griechen in der Seeschlacht bei Salamis die Perser schlagen. Danach folgt eine weitgehend friedliche Epoche, die **klassische Zeit**, die einen kulturellen Höhepunkt darstellt. Mit dem Tod **Alexanders d. Gr.,** 323 v. Chr. beginnt die **hellenistische Periode**, in der sich die griechische Kunst über den Orient verbreitet, aber auch ihrerseits von fremden Elementen beeinflusst wird. Die Herrscher der von Alexander geschaffenen neuen Hauptstädte wie Alexandria oder Pergamon errichten monumentale, öffentliche Gebäude, während der Tempelbau an Bedeutung verliert. Mit der Eingliederung ins römische Imperium 27 v. Chr. beginnt sich die griechische Kunst mit der römischen zu vermischen.

Grundzüge der Architektur

Mit dem Übergang von der Bronze- zur Eisenzeit verfügen die

Menschen über bessere Werkzeuge zur Bearbeitung von Stein. Gleichzeitig etabliert sich innerhalb der griechischen Bevölkerung ein neues, stabiles Gefüge. Dies schlägt sich in der archaischen Zeit im Bau großer Tempel nieder. Die einfachsten (Antentempel) haben die Form des mykenischen Hauses (**Megaron**):

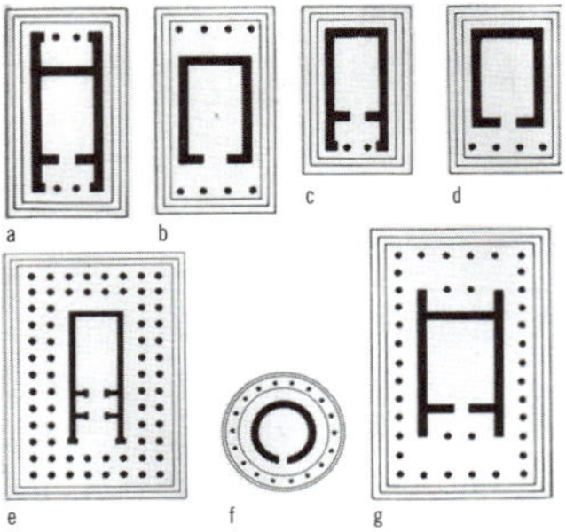

Kleine Tempelkunde

ein rechteckiger Raum mit einer Vorhalle, deren Dach seitlich von Mauern, vorne aber von Säulen gestützt ist. Mit der Zeit wird das Dach immer weiter über das Gebäude hinausgezogen und von immer mehr Säulen getragen, bis schließlich der **Peripteros** mit flachem Satteldach und umlaufender Säulenhalle entsteht, der mit Abstand beliebteste Tempeltyp der griechischen Antike.

Die griechischen Architekten streben nicht danach, möglichst originell zu bauen, sondern die bewährte klassische Form immer

! Kleine Tempelkunde

Doppelantentempel (a): beidseitige Vorhalle (z. B. Aphaiatempel, Ägina)
Amphiprostylos (b): beidseitige Säulenvorhalle (z. B. Niketempel, Athen)
Antentempel (c): rechteckiger Raum mit Vorhalle (z. B. Zeustempel, Magnesia)
Prostylos (d): säulengetragene Vorhalle (z. B. Osttempel des Erechtheion, Athen)
Dipteros (e): umlaufende, doppelreihige Säulenhalle (z. B. Artemistempel, Ephesus)
Monopterus (f): Rundtempel mit umlaufender Säulenhalle (z. B. Athenetempel, Delphi)
Peripteros (g): umlaufende Säulenhalle (z. B. Parthenon, Athen)

noch vollkommener zu machen. Alle Längen-, Breiten- und Höhenverhältnisse beruhen auf mathematischen Gesetzen, welche größtmögliche Harmonie gewährleisten. Jeder griechische Tempel hat ein spezielles Grundmaß, das dem 16fachen des Säulendurchmessers an der Basis entspricht und von dem sich alle anderen Maße ableiten. Dabei bleibt den Baumeistern nicht verborgen, dass aus dem Blickwinkel des Betrachters die Relationen oftmals anders erscheinen, wie sie sind. Deshalb bauen sie kleine Korrekturen ein. Da wird z. B. die

Ecksäule etwas verdickt, weil sie im Licht steht und deshalb schmaler wirkt. Horizontale Linien verlaufen leicht gekrümmt. Säulen neigen sich eine Winzigkeit nach innen. Die idealen Proportionen sind kein starres Regelwerk, sondern werden bei jedem Tempel neu interpretiert und angepasst. Auch der Geschmack ändert sich. In der klassischen Zeit baut man höher und schlanker als in der archaischen.

Genial einfache Statik

Den eleganten griechischen Peripterostempeln liegt eine Technik zugrunde, die schon bei den eher plumpen vorgeschichtlichen Dolmen Anwendung gefunden hat: das Prinzip von Stütze und Last. Jeweils zwei Säulen tragen einen horizontal aufgelegten, schweren Steinquader (**Architrav**). Die exakt behauenen, glatten Steine bilden einen fortlaufenden Kranz, der eine solide Grundlage für das Dach darstellt. Diese einfache Statik macht es möglich, ohne jeden Mörtel gigantische Bauten wie den *Zeustempel von Agrigent* zu errichten, der über einen Hektar groß gewesen sein soll. Bögen und Wölbungen wenden die griechischen Baumeister nur bei kleineren Nutzbauten an. Das Dachgebälk der Tempel besteht aus einem flachen Satteldach mit einem Sims (**Geison**), der über die Säulen hinausragt. Zwischen dem Architrav und dem Geison befindet sich eine zweite, mit einem **Fries** verzierte Steinreihe. Auch das Giebeldreieck (**Tympanon**) wird mit Reliefs geschmückt. Das Götterbild befindet sich in dem schmucklosen, nach Osten gerichteten Innenraum, der **Cella**. Zu ihr hat nur der Priester Zutritt. Der Altar steht vor der Cella und die religiösen Feierlichkeiten finden im Freien statt.
Konstruktion und Zierrat der Kalkstein- und Marmortempel verraten deutlich ihre Herkunft aus dem Holzbau. So stammen z. B. die ringförmigen Einkerbungen am Säulenhals von einer Hanfschnur, mit dem die Stämme abgebunden wurden, um eine Längsaufspaltung zu verhindern. Das vorstehende Dach sollte Holz und Lehmziegel vor dem Regen schützen.

Dorisch, ionisch, korinthisch

In der archaischen Periode kommen fast gleichzeitig zwei Baustile auf. Sie werden als **dorische** und **ionische Säulenordnung** bezeichnet, da der Unterschied sich vor allem in der Gestaltung der Säulen zeigt. Der dorische Stil hat sein Zentrum eher auf dem Festland und in den westlichen Kolonien, der ionische auf den Inseln, in Athen und Kleinasien. Doch gute Baumeister wählen die

Ordnung, die dem Vorhaben angemessen erscheint. Der dorische Stil gilt als männlich, kräftig und streng, der ionische als weiblich, leicht und elegant.

Die Säulen eines dorischen Tempels stehen direkt auf dem Fundament. Über den Schaft ziehen sich Längsrillen (**Kanneluren**), die mit scharfkantigen Graten aneinander stoßen. Die Säulen sind dicker und gedrungener als beim ionischen Stil und stehen meist auch näher beieinander. Im oberen Drittel werden sie etwas schlanker. Der Kopf der Säule, das **Kapitell**, besteht aus drei Elementen: waagrechten, ringförmigen Einkerbungen (**Anuli**), einer wulstigen, runden Verbreiterung (**Echinus**) und darauf einer quadratischen Deckplatte (**Abakus**). Der Fries über dem Architrav ist durch **Triglyphen** gegliedert, senkrechten, rillenförmigen Verzierungen. Sie wurden ursprünglich in die Balkenenden der ehemals hölzernen Dachkonstruktion gekerbt. Zwischen ihnen befinden sich **Metopen**, glatte Schmuckflächen für Bilder und Reliefs.

Ionische Säulen stehen auf einem runden Sockel mit ringförmigen Schmuckrillen. Die Kanneluren sind durch schmale Stege voneinander getrennt. Die Säulen sind lang, schlank und verjüngen sich kaum. Am auffälligsten ist die Gestaltung der Kapitelle. Auf beiden Seiten des Säulenkopfs befinden sich dicke, nach innen gerollte Locken, die **Voluten**. Der Hals der Säulen ist mit Mustern reich gegliedert, der Abakus schmal und unauffällig. Der Architrav besteht aus drei horizontalen Streifen, die einander leicht überragen. Der Fries ist mit einer durchgehenden Bilderfolge geschmückt, die nicht von Triglyphen unterbrochen wird.

? Schon gewusst?

Ionische Kapitelle sehen von vorne anders aus als von der Seite. Für die harmoniebegeisterten Griechen war das ein Problem, weil sich eine Ecksäule nur in die eine oder andere Seite optimal einfügen konnte. Findige Köpfe entwarfen deshalb spezielle Eckkapitelle mit zunächst drei, dann vier Voluten.

Eine pittoreske Variante des ionischen Stils stellen die **Karyatiden,** schlanke Mädchenfiguren, die das Dach tragen, dar. Auch die um 450 v. Chr. aufkommende **korinthische Säulenordnung** ist nur eine Variante der ionischen. Das Kapitell stellt einen stilisierten Korb dar, aus dem in zwei Reihen filigrane, gerollte Akanthusblätter quellen. Auch die Säulenbasis ist reicher geschmückt als beim ionischen Stil. Während die wulstigen dorischen

Kapitelle und die ionischen Voluten den Anschein erwecken, als würden sie durch die Last des Gebälks breitgedrückt, sind die korinthischen Verzierungen keine Illustration der statischen Verhältnisse mehr. Die Griechen setzen diesen Stil sparsam ein – oft nur bei einzelnen Säulen. Im Rom der Kaiserzeit wird er dagegen sehr beliebt.

! Bedeutende Stile

Dorisch: *Artemistempel*, Korfu (600 v. Chr.), *Poseidontempel*, Paestum (460–450 v. Chr.), *Apollontempel*, Bassai (450 v. Chr.), *Parthenon*, Athen (448–438 v. Chr.)

Ionisch: *Artemistempel*, Ephesus (560–550 v. Chr.), *Propyläen*, Athen (437–432 v. Chr.), *Niketempel*, Athen (432–421 v. Chr.), *Erechtheion*, Athen (421–406 v. Chr.)

Korinthisch: *Zeustempel*, Olympia (550 v. Chr.–130 n. Chr.), *Lysikratesdenkmal*, Athen (335–334 v. Chr.)

Parthenon, Athen

Die Akropolis

Die Meisterwerke der klassischen griechischen Baukunst finden sich auf der *Akropolis* (griechisch: Spitze der Stadt) in Athen. Der 156 Meter hohe Kalksteinfelsen war früher Sitz des Königspalastes. **Peisistratos** (um 600–527 v. Chr.) macht ihn zur Kultstätte der Stadtgöttin. Der von ihm und seinen Söhnen errichtete *Athenetempel* wird jedoch ebenso wie alle anderen Bauten auf der *Akropolis* 480 v. Chr. durch die Perser zerstört. **Perikles** (499–29 v. Chr.) verwendet daraufhin den Schatz des attischen Seebundes für einen prunkvollen Wiederaufbau, der den Führungsanspruch Athens über die anderen griechischen Staaten dokumentieren soll. Die Oberaufsicht über das Projekt überträgt er **Phidias** (gest. um 430 v. Chr.), dem größten Bildhauer der Epoche. Alle Gebäude werden aus dem weißen Marmor des nahen Pentelikongebirges gefertigt.

Den Zugang stellen die *Propyläen* dar, ein gewaltiges Torgebäude, das als erstes Bauwerk rechtwinklig vorspringende Seitenflügel hat. Flankiert wird es von einem *Tempel der Athena Nike*, der siegreichen Athene. Wer damals die *Propyläen* durchschritt,

Niketempel

sah sich lauter Atheneheiligtümern gegenüber. Nur ein schmaler Durchblick zum Olymp, dem Berg der Götter, blieb frei.

Parthenon, Athen (448–438 v. Chr.)

Der *Parthenon* (griechisch: Jungfrauengemach) ist der Haupttempel der *Akropolis*. Perikles beauftragt mit dem Bau **Iktinos** (5. Jh. v. Chr.), den Begründer der attischen Klassik, die dorische und ionische Elemente miteinander verbindet. Von ihm stammen auch der *Tempel des Apollon Epikourios* in Bassai und das *Telesterion* in Eleusis.

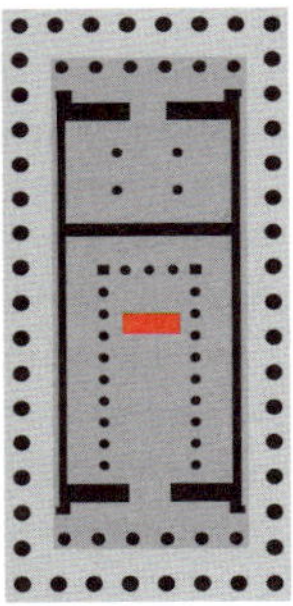

Grundriss, Parthenon

Der *Parthenon* ist für ein zwölf Meter hohes Standbild der jungfräulichen Göttin Athene gedacht, deren Körper Phidias aus Elfenbein und das Gewand aus über 1000 Kilo Gold geschaffen hat. Es hat mehr gekostet als der ganze Tempel und soll entsprechend zur Geltung kommen. Man vermutet, dass der *Parthenon* der erste griechische Tempel ist, der von innen her geplant wurde. Iktinos macht aus der Cella einen Tempel im Tempel. Er besteht aus zwei Räumen, jeweils mit einer Vorhalle. Der Kleinere im Westen enthält – eingerahmt von vier ionischen Säulen – den Staatsschatz. Im Ostgemach steht die Phidiasstatue. Iktinos umgibt sie mit einer doppelstöckigen, dorischen Säulenreihe. Um genügend Platz dafür zu haben, verwendet er für den äußeren Umgang des Tempels 17 dorische Säulen an den Längsseiten und acht an den Schmalseiten, anstatt der üblichen 16 und sechs. Die scheinbar so geradlinige Optik des Baus beruht auf einer Unmenge von kleinen Abweichungen. Kaum ein Stein entspricht dem anderen. In den Reliefs verherrlichen Phidias und seine Schüler Athene und ihre Stadt. Zu den 92 Metopen des äußeren Fries und den beiden Tympanonbildern kommt ein zweiter Fries von 160 Meter Länge an den Wänden der Cella, der einen Festzug zu Ehren der Athene darstellte. Damit er von

! Phidias

Der geniale Bildhauer soll im Gefängnis gestorben sein. Erst klagten ihn seine Neider an, er habe bei der Herstellung der Athenestatue Gold unterschlagen. Als sich durch Nachwiegen seine Unschuld herausgestellt hat, wird entdeckt, dass er sein Porträt auf der Statue verewigt hatte – was eine Gotteslästerung bedeutet.

unten besser sichtbar ist, ist er leicht nach außen geneigt. Als der britische Botschafter in Konstantinopel, der Earl of Elgin, 1806 Bruchstücke der Reliefs nach London bringt, löst er eine gewaltige Griechenlandbegeisterung aus.

Der *Parthenon* wird im 5. Jh. n. Chr. in eine christliche Kirche umgewandelt und die Athenestatue nach Konstantinopel gebracht, wo sie verloren geht. 1456 übernehmen die Türken Athen. Sie machen aus dem *Parthenon* erst eine Moschee und dann ein Pulvermagazin, das 1687 explodiert und den Tempel zerstört. Heute setzen ihm vor allem die Verkehrsabgase Athens und mehrere Millionen Besucher im Jahr zu.

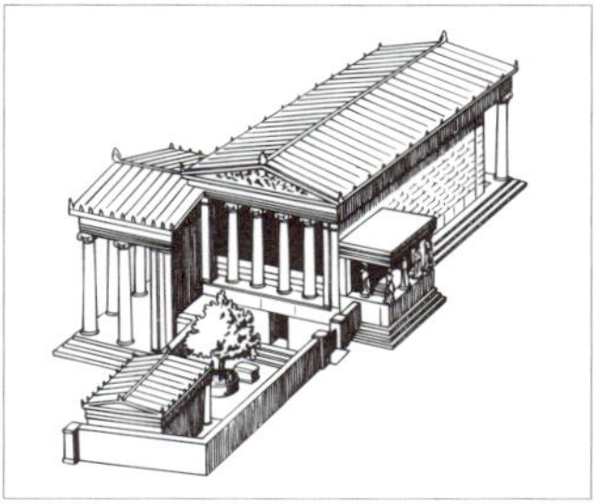

Erechtheion, Zeichnung

Erechtheion, Athen (421–406 v. Chr.)

Gegenüber dem *Parthenon* befindet sich das *Erechtheion*, nach Erechtheus, einem sagenhaften König von Athen, benannt, ein originelles, asymmetrisches Gebäude, das mehrere alte Kultstätten umfasst.

Den Ostflügel bildet ein ionischer Prostylostempel, der das hölzerne Kultbild der **Athena Polias** (griechisch: Stadtherrin) enthält, das schon im alten, 480 v. Chr. zerstörten Tempel gestanden hat. Drei Meter tiefer gelegen führt im Norden eine Vorhalle mit ionischen Säulen in den westlichen Tempelteil. Ein Mal auf dem Boden soll von einem Dreizackstich des Poseidon herrühren, als dieser mit Athene um die Stadt stritt. Alle Bauteile waren ursprünglich mit bunten Schmuckleisten und Einlegearbeiten reich verziert. Außerdem zog sich um Nordhalle

Veranda an der Südseite des Erechtheion

und Cella ein Fries aus grauem, eleusischem Marmor mit Figuren aus weißem pentelischem. Im Westtempel befanden sich mehrere Altäre, das Grabmal des Erechtheus und ein Schauloch im Boden, durch das man den Salzquell gesehen haben soll, den Poseidons Stich zum Sprudeln brachte. Beliebtestes Fotomotiv heute ist jedoch eine vorgebaute Veranda an der Südseite, deren Dach von sechs hübschen Karyatiden getragen wird. Unter ihr soll sich das Grab des ersten Athener Königs Kekrops befinden, der angeblich der Stadt das Alphabet und die Einehe bescherte.

Dionysostheater, Athen (ab 330 v. Chr.)

Am Südhang der *Akropolis* finden sich die Überreste des ersten europäischen Theaters, in dem die großen Tragödiendichter Aischylos, Sophokles und Euripides auftraten. Ihre Aufführungen waren Teil der Festspiele zu Ehren des Gottes Dionysos. Dessen Kultbild bringt Peisistratos im 6. Jh. aus Eleutherai nach Athen. Angeblich nach dem Zusammenbruch einer hölzernen Zuschauertribüne werden die Feierlichkeiten vom Marktplatz in die Nähe des *Dionysostempels* verlegt, wo die Abhänge der *Akropolis* rund um eine natürliche Mulde eine ideale Bühne bilden. Angepasst an diese Geografie entsteht zunächst ein Theater aus Holz. Ein halbrunder, in Stufen aufsteigender Zuschauerbereich (**Teatron**) umgibt den runden Aufführungsplatz (**Orchestra**). In seiner Mitte steht ein Altar, der später an den Rand rückt und schließlich ganz verschwindet. Dahinter erstreckt sich die **Skene**, die anfangs wohl nur eine bemalte Holzkulisse ist. 420 v. Chr. wird sie durch eine offene

? Schon gewusst?

Die griechischen Kunstwerke schimmerten in der Antike keineswegs nur in edlem Marmorweiß. Die Cella des *Parthenon* war im Inneren wohl rot gefärbt und mit Gold und Bronze verziert. Einen dorischen Fries muss man sich mit leuchtend blauen Triglyphen und rot grundierten Metopen vorstellen. Marmorsäulen wurden teilweise gewachst, damit sie stärker glänzten.

? Schon gewusst?

Die Dionysosfeierlichkeiten bestehen ursprünglich aus Tänzen und aus Chorgesängen. **Thespis** (6. Jh. v. Chr.) und **Aischylos** (um 525–456 v. Chr.) entwickeln daraus das Schauspiel, indem sie dem Chor erst einen, dann mehrere Solisten gegenüber stellen.

Säulenhalle ersetzt, später entwickelt sie sich zum mehrstöckigen Bühnenbau mit allen technischen Schikanen. Es gibt eine Treppe in die Unterwelt, Flugapparate und Hebekräne für Götterauftritte „ex machina“ sowie optische und akustische Hilfen für künstliche Gewitter. Vor der Skene entsteht eine zweite, erhöhte Spielfläche. Um 330 v. Chr. erhält das Theater steinerne Sitzreihen für rund 17.000 Zuschauer. In der ersten Reihe stehen noch die mit Namen beschrifteten Ehrensitze. Das Athener Theater ist das Vorbild aller folgenden. Besonders bemerkenswert ist das *Theater von Epidauros*, dem tönerne Gefäße unter den Sitzen eine ausgezeichnete Akustik geben, weil sie den Widerhall dämpfen.

Milet, Türkei (ab 479 v. Chr.)

Während sich die alten griechischen Städte über längere Zeit

Theater von Epidauros

und den natürlichen Gegebenheiten angepasst entwickeln, werden vor allem in den kleinasiatischen Kolonien nach dem Ende der Perserkriege mehr und mehr Orte systematisch geplant. Aristoteles schreibt, es sei **Hippodamus von Milet** (5. Jh. v. Chr.) gewesen, der die Einteilung von Städten erfunden habe. 479 v. Chr. erhält dieser den Auftrag, seine von den Persern zerstörte Heimatstadt wieder aufzubauen. Heute liegen die Ruinen neun Kilometer landeinwärts. Damals baute Hippodamus auf eine zerklüftete Landzunge nördlich der alten *Akropolis*, die er mit einem schachbrettartigen Raster aus sich rechtwinklig kreuzenden Straßen überzieht. Für die öffentlichen Gebäude spart er einen breiten Streifen aus, der den Kriegshafen im Norden l-förmig mit dem Handelshafen im Westen verbindet.

Von den Wohnhäusern gibt es kaum Überreste. Sie fielen bescheiden aus und waren aus vergänglichem Material gebaut. Da sich das mykenische Megaron für die Stadt nicht eignete, entstand ein zur Straße hin abgeschlossenes Haus, dessen Räume sich zu einem Innenhof mit Säulengang (**Peristylos**) öffnen. Diese Ausrichtung nach innen zeigt sich auch im städtischen Tempelbau. Das Heiligtum des Apollon in Milet bestand aus einem ummauerten Peristylos mit einem Rundbau und mehreren Altären im Hof. Ebenso gruppierten sich bei den **Gymnasien**, den Sportstätten, die Übungsräume und Hörsäle rund um einen zentralen Übungshof (**Palaistra**).

Milet entwickelt sich vom 3.–1. Jh. v. Chr. zu einer hellenistischen Stadt mit den typischen öffentlichen Repräsentationsgebäuden. Zentrum ist die südliche **Agora** (Markt- und Versammlungsplatz) im Scheitelpunkt des L. Zwei weitere Agoren befinden sich in der Nähe der Häfen. Alle sind von langen Säulenhallen (**Stoa)** umgeben. Diese dienen seit dem 5. Jh. v. Chr. als Treffpunkt, Ladengasse und Ort für öffentliche Verhandlungen. In hellenistischer Zeit werden daraus repräsentative, mehrstöckige Gebäude, die den Platz nach außen abschließen. Als Zugang zur südlichen Agora von Milet lässt Kaiser Hadrian im 1. Jh. n. Chr. ein prunkvolles, zweistöckiges Tor von fast 30 Meter Höhe errichten, das heute im *Pergamonmuseum* in Berlin zu bewundern ist. Sein gesprengter Giebel, dem das Mittelstück zu fehlen scheint, und die vorgeblendeten Ziersäulen sind typische Dekorelemente des Hellenismus.

Milet blieb jahrhundertelang Vorbild für eine vernünftige, moderne Stadtplanung. Später bevorzugte man wie in Pergamon eine Ausrichtung auf das repräsentative Zentrum der Stadt hin.

Römische Antike

Als Rom im 8. Jh. v. Chr. entsteht, wird Italien einerseits von den griechischen Kolonien im Süden, andererseits von den Etruskern im Norden dominiert. Die Stadt profitiert aber von einer verkehrspolitisch außerordentlich günstigen Lage und beginnt ab dem 4. Jh. v. Chr. eine Macht- und Expansionspolitik, zu der die Baumeister die nötige Infrastruktur liefern müssen. Pragmatisch greifen sie sowohl auf das Wissen der Etrusker wie der Griechen zurück. Ein eigenständiger Kunststil kommt erst zu Beginn des 2. Jh. v. Chr. auf, als Rom sich bereits die Vormachtstellung im Mittelmeerraum gesichert hat. Um Christi Geburt wird das Bauwesen mit der Kaiserzeit Chefsache der jeweiligen Herrscher. Die römische Antike endet im Jahr 330 mit der Verlegung der Hauptstadt des Reiches nach Byzanz durch Kaiser Konstantin.

Grundzüge der Architektur

Die römische Architektur beruht auf solidem Backsteinbau und der Erfindung des Betons. Im 2. Jh. v. Chr. beginnen die Römer Vulkansand (**Puzzolan**) unter ihren Mörtel zu mischen und bekommen so eine Mischung, die unglaublich fest wird. Mit ihrer Hilfe können sie wesentlich komplexere Gebäude bauen als die Griechen. Die römischen Baumeister stellen Mauern und Wölbungen im Gussverfahren her, beherrschen aber auch verschiedenste Techniken des Mauerns und setzen große Natursteine ohne Mörtel mit Eisenklammern zusammen (z. B. beim *Pont du Gard* oder dem Unterbau des *Kolosseums*).

Technisch übertreffen sie damit die Leistungen der Griechen. Im künstlerischen Bereich bleiben sie ihnen lange unterlegen. Baukunst stellt für sie keinen Dienst an den Göttern dar, sondern ist entweder zweckorientiert oder repräsentativ. Sie übernehmen viele der griechischen Stilelemente, benutzen sie aber als bloßen Dekor. Sehr beliebt ist die **Aedikula** (Häuschen), eine Verblendung, die mit Ziersäulen, Gebälk und dreieckigem Giebel griechische Tempelästhetik nachahmt. Im römischen **Kompositkapitell** werden ionische Voluten und korinthische Akanthusblätter kombiniert. Statt Säulen verwendet man ins Mauerwerk integrierte **Pilaster** wie zum Beispiel beim **Pseudoperipteros**, einem Tempeltyp mit Säulenvorhalle und Pilasterwänden. In der Kaiserzeit sind monumentale Frontansichten beliebt. Die Ziegel- und Gussmauern repräsentativer Gebäude werden mit Marmor und anderen Natursteinen verblendet. Dem römischen Wohnhaus, bei dem sich alle Räume um ein Atrium mit Pultdach und Wasserbecken gruppieren, werden griechische Säulenhöfe zugefügt. Erst mit zunehmender Meisterschaft im Bogen- und Gewölbebau bildet sich eine eigene Ästhetik heraus.

Bogen und Kuppel

Schon die Etrusker waren in der Lage, Bögen zu bauen, indem sie Steine oder Ziegel keilförmig im Halbkreis vermauerten. Durch Hintereinanderreihung mehrerer Bögen schufen sie auch **Tonnengewölbe**. Die Römer entwickeln die Ziegeltechnik weiter. Die gemauerten **Arkaden**, wie sie beim *Pont du Gard* oder dem *Kolosseum* noch zu bewundern sind, stellen ein zentrales Element ihrer Architektur dar. Aus dem Bogen heraus entstehen immer mächtigere und komplexere Gewölbe. Die Römer übernehmen den Typ der **Stoa Basilike**, der königlichen Gerichtshalle, von den Griechen, bauen sie mehrschiffig aus und ersetzen das flache Satteldach durch Tonnengewölbe. Dieses jedoch ist in seiner Spannweite begrenzt und übt einen starken Druck auf die Seitenwände aus. Als stabiler erweist sich die gleichmäßig runde Form. Mit der *Pantheonkuppel* aus zweischaligem Gussmauerwerk und einem System von Ziegelrippen zur Ableitung des Drucks bauen die Römer die größte **Kuppel** bis zum Ende des Barock. Um mehrere Räume zu überspannen, entwickeln sie das **Kreuzgewölbe**. Dabei werden zwei Tonnengewölbe rechtwinklig verschränkt. Die Schubkräfte wirken gleichmäßig in alle vier Richtungen, sodass sich die einzelnen Tonnen gegenseitig stützen und das Gewölbe auf vier einzelnen Pfeilern ruhen kann. In Basiliken, Palästen und Thermen entstehen durch die Aneinanderreihung von Kreuzgewölben große Raumfluchten mit langen Fensterreihen (**Lichtgaden**) an den Längsseiten.

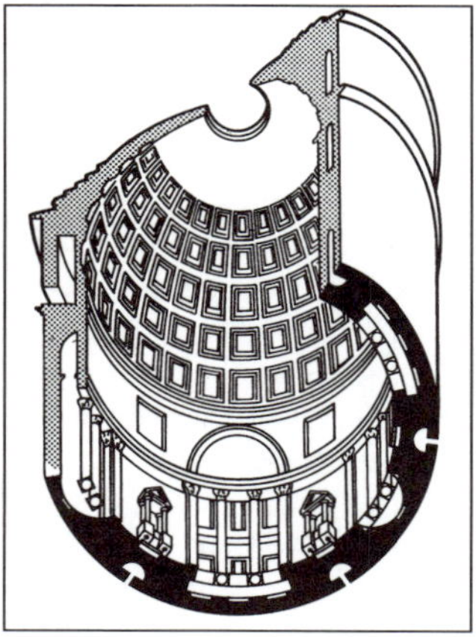

Pantheonkuppel

? Schon gewusst?

Die griechische Tempelarchitektur lenkt den Blick in die Höhe, die römischen Arkaden in die Weite.

Hauptsache Infrastruktur

Die Organisation des römischen Weltreiches beruht auf einem gigantischen Netz von Verkehrswegen und Versorgungseinrichtungen. Erste Fertigkeiten im Straßen-, Brücken-, Kanal- und Tunnelbau übernehmen die Römer von den Etruskern. Bereits im 6. Jh. v. Chr. entsteht die *Cloaca Maxima*, der zentrale Abwasserkanal Roms. Plinius d. Ä. rühmt in seiner *Naturgeschichte* die Kloaken als „über alle Beschreibung großartiges Werk“, das Rom untertunnele, größten Wassermassen, Erdbeben und Feuersbrünsten standhalte und mit Booten befahren werden könne.

Die erste Holzbrücke über den Tiber wird im 5. Jh. v. Chr. errichtet. 312 v. Chr. beginnt der Censor **Appius Claudius** mit der *Via Appia* von Rom nach Capua den systematischen Straßenbau und lässt mit der *Aqua Claudia* die erste römische Wasserleitung anlegen.
Rom hat zu seiner Blütezeit eine Million Einwohner, die zum größten Teil in mehrstöckigen Mietshäusern leben. Es gibt ein Wasser- und Abwassersystem mit vielen unterirdischen Zisternen, über 1000 öffentliche Brunnen sowie private und öffentliche Toiletten. Rund 850 öffentliche Bäder müssen geheizt und mit Wasser versorgt werden. Das kostbare Nass wird mit stetigem leichten Gefälle kilometerweit herangeleitet. Die Straßen der Stadt sind teilweise gepflastert und mit Bürgersteigen und Rinnsteinen versehen. Für die Bestattung der Toten werden vor den Toren der Stadt **Columbarien** errichtet, oberirdische Gebäude, deren Ziegelwände Nischen für Urnen enthalten, sowie die unterirdischen **Katakomben** zur Körperbestattung der Toten.
Doch nicht nur Rom verfügt über eine solche Infrastruktur, sondern auch die anderen Städte des immer größer werdenden Imperiums. Ermöglicht wird dies durch zentrale, staatliche Planung und Kontrolle. In der Kaiserzeit hat der Staat das Monopol auf die Gewinnung von Marmor, Tuff und Travertin. Er betreibt Brennöfen für Ziegel und organisiert Transport und Verteilung. Außerdem steht ihm ein Heer von Sklaven für Baumaßnahmen zur Verfügung.

! Frühe technische Meisterleistungen

179 v. Chr. Errichtung der *Pons Aemilius* in Rom, der ersten steinernen Bogenbrücke.

144–140 v. Chr. Bau der *Aqua Marcia* (91 km), der ersten römischen Wasserleitung, die über ein Aquädukt führt.

62 v. Chr. Errichtung, der *Pons Fabricius* in Rom, die heute noch befahren werden kann.

55 v. Chr. Errichtung einer *Rheinbrücke* in nur zehn Tagen unter Caesar.

15 v. Chr. Überbrückung einer Schlucht von 49 Metern durch den *Pont du Gard.*

Pont du Gard

Repräsentationsarchitektur

Die wachsende Bedeutung des römischen Imperiums schlägt sich in zahlreichen Bauwerken nieder, deren einziger Sinn es ist, Ruhm und Macht des Auftraggebers zu zeigen. Eine typisch römische Erfindung sind die **Triumphbögen**, die seit dem 2. Jh. v. Chr. überall im Reich errichtet werden. Sie bestehen meist aus einem Torgebäude mit drei Bögen und einem Steinaufsatz für Reliefs und Schrifttafeln. Darauf befindet sich manchmal noch eine Skulptur, die den siegreichen Feldherrn mit Gespann zeigt. Stil und Schmuck werden in der Kaiserzeit immer aufwendiger.

! Bedeutende Triumphbögen

Tiberiusbogen, Orange (27–25 v. Chr.)
Titusbogen, Rom (81)
Trajansbogen, Benevento (114)
Hadriansbogen, Athen (124)
Severusbogen, Rom (203)
Konstantinsbogen, Rom (312–315)

Titusbogen, Rom

Ara Pacis Augustea

Die Form der **Triumphsäule** bringt Kaiser **Trajan** (53–117) im Jahr 113 auf. Die innen begehbare Säule ist spiralförmig mit einem 200 Meter langen Reliefband umwunden, das in 55 Bildern von exzellenter künstlerischer Qualität Trajans Sieg über die Daker feierte. Oben war die Säule ursprünglich von einer Statue des Kaisers gekrönt, die heute durch eine Petrusfigur ersetzt ist.

! Repräsentative Grabmäler

Grabmal der Caecilia Metella, Rom (30–20 v. Chr.)
Augustusmausoleum, Rom (28–14 v. Chr.)
Cestiuspyramide, Rom (18–12 v. Chr.)
Hadriansmausoleum (Engelsburg), Rom (135–139)
Diokletiansmausoleum, Split (295–305)

Die Säulen des *Antoninus Pius* (um 160) und *Marc Aurel* (176–93) imitieren dieses Muster. Ein Unikat dagegen ist der Friedensaltar (*Ara Pacis Augustae,* 13–9 v. Chr.), mit dem Kaiser **Augustus** (63 v. Chr. – 14 n. Chr.) seine Herrschaft feiern lässt. Der eigentliche Altar ist an vier Seiten mit Mauern umgeben, die von griechischen Bildhauern vollständig mit allegorischen Reliefs bedeckt worden sind.

Trajansäule

„Trajan-City"

Während geistig nicht ganz zurechnungsfähige Egomanen unter Roms Kaisern wie **Nero** (37–68) oder **Domitian** (51–96) die Staatsfinanzen für gewaltige Privatpaläste verschwenden, bescheren politisch denkende Herrscher wie Augustus, **Vespasian** (9–79) oder Trajan dem römischen Volk öffentliche Gebäude. Dabei stellen die Thermen und das Forum die wichtigsten gesellschaftlichen Einrichtungen dar und die Kaiser versuchen einander durch immer noch größere und prächtigere Neubauten zu übertreffen. Beispielhaft dafür sind die Anlagen, die Trajan von 107 bis 112 durch den Baumeister **Apollodorus von Damaskus** errichten lässt.

Das *Trajansforum* stellt den prächtigen Abschluss der Kaiserforen dar. Es ist größer, komplexer und durchdachter als seine Vorgänger. Die *Trajansthermen* dagegen setzen einen neuen Maßstab, der viel imitiert und später in den *Caracalla-* (206–216) und *Diokletiansthermen* (298–306) ins Gigantische gesteigert wird. Der *Trajansmarkt* schließlich ist in seiner Art einzigartig.

Für das Forum musste der Quirinalhügel teilweise abgetragen werden. Heute ist von der großen, geschlossenen Anlage nur noch die Trajanssäule übrig geblieben. Sie stand ursprünglich in einem kleinen Innenhof zwischen zwei Bibliotheken für griechische und lateinische Literatur. Von deren oberen Stockwerken aus ließen sich die Reliefs gut bewundern. Das eigentliche Forum mit großem Innenhof und einer quer liegenden, fünfschiffigen Versammlungshalle an der Stirnseite, der *Basilica Ulpia,* befand sich davor, der Tempelbezirk dahinter. In diesem errichtete Kaiser **Hadrian** (76–138) einen Tempel für seinen vergöttlichten Vorgänger.

Der heute noch erhaltene *Trajansmarkt* war nur durch eine Straße getrennt. Dort waren die kleinen Läden, Büros und Werkstätten untergebracht, die das Forum verdrängt hat. Der lang gestreckte, sechsgeschossige Gebäudekomplex dient außerdem als Stütze für den teilweise abgetragenen Quirinal. Die äußerlich schlichten Bauten sind das architektonisch aufwendigste Handelsgebäude der Antike. Apollodorus musste sich an der Rückseite am Relief des Quirinals orientieren, an der Vorderseite an den geschwungenen Formen des Forums. Der Komplex enthielt 150 Läden, eine Straße auf halber Höhe und eine große Halle mit kühner Gewölbearchitektur.

Die *Trajansthermen* bezogen zum ersten Mal die umliegenden Gärten in das symmetrische System ein, das heute am besten an den *Caracalla-Ruinen* studiert werden kann. Die eigentlichen Baderäume – **Tepidarium** (lauwarmes Bad), **Caldarium** (Warmbad), **Frigidarium** (Kaltbad) und **Natatio** (Schwimmbecken) – befinden sich auf einer zentralen Achse. Rechts und links davon liegen symmetrisch und in der Reihenfolge der Nutzung Umkleideräume, Reinigungsbecken, private, medizinische und Schwitzbäder, Sporthallen, Massage- und Salbräume, Bibliotheken und Lesehallen. Geheizt werden die Bäder durch **Hypokausten**, eine Warmluftheizung. In ein niedriges, dicht mit Pfeilern bestandenes Zwischengeschoss unter dem Fußboden wird von einem zentralen Ofen aus warme Luft eingeblasen. Hohlziegel in den Wänden sorgen dafür, dass die warme Luft auch nach oben steigt.

! Apollodorus von Damaskus

Kaiser Trajan lernte seinen genialen Baumeister kennen, als dieser von 102 bis 105 bei Dobreta eine große *Donaubrücke* baute, die Trajan für seinen Truppenaufmarsch nach Dakien benötigte. Auf der Trajanssäule ist der Bau verewigt.

? Schon gewusst?

In das Frigidarium der riesigen *Diokletiansthermen* baut Michelangelo im 16. Jahrhundert die Kirche *Santa Maria degli Angeli*. Die runde Vorhalle der Kirche ist das einstige Tepidarium. Die einige Minuten entfernte Kirche *San Bernardo* wurde in einen Rundbau der Außenmauer gebaut.

Kolosseum, Rom (70–80)

Von den Griechen übernehmen die Römer den Theaterbau mit

ansteigenden Zuschauerrängen. Dank ihrer Bogentechnik können sie diese Ränge jedoch abstützen und sind nicht mehr auf natürliche Abhänge angewiesen. Aus den halbrunden Theatern entwickeln sie ovale, in sich geschlossene **Amphitheater** (griechisch: amphi = rundherum) für Gladiatorenkämpfe, Tierhetzen und sogar nachgestellte Seeschlachten. Die größte Arena ist das *Kolosseum* des Kaisers Vespasian. Es ist knapp 50 Meter hoch, 188 Meter lang und 156 Meter breit. Die äußeren Mauern bestehen aus drei Arkadengeschossen, die unten mit tuscisch-dorischen, dann mit ionischen und oben mit korinthischen Säulen verblendet sind. **Titus** (39–81) lässt später noch eine Ringhalle mit Stehplätzen für das einfache Volk aufsetzen.

? Schon gewusst?

Das *Kolosseum* steht seit 1749 als Märtyrerstätte unter Schutz. Vermutlich fand die Ermordung der frühen Christen jedoch im *Circus Maximus* statt. Das *Kolosseum*, das durch zwei Erdbeben und die Benutzung als Steinbruch schwer geschädigt war, wurde durch diese Maßnahme jedoch vor der völligen Zerstörung gerettet.

Die Tribünen werden von sieben Arkadenringen und 80 sternförmig nach außen laufenden Mauern gestützt. In das Ziegelwerk sind 560 Travertinpfeiler integriert. Die Baumeister setzen Natursteine, Ziegel und Gussmauerwerk sowie alle bekannten Arten von Wölbungen ein. Sitze und Treppen waren einst aus Marmor

Kolosseum, Rom

? Schon gewusst?

608 verschenkt der byzantinische Kaiser den *Pantheon* an den Papst, der daraus eine Kirche machte. In seinem Inneren sind Raffael und zwei italienische Könige bestattet.

und boten rund 50.000 Zuschauern Platz. Für den Kaiser und leitende Senatoren gab es Logen am Rand der Arena. Auf einem Zwischengesims standen Masten für Sonnensegel. 76 Ausgänge und ein kompliziertes System von Treppen, Korridoren, Aufzügen, Kellern und Käfigen sorgten für einen reibungslosen Ablauf der Spiele.

Pantheon, Rom (117–128)

Das Pantheon ist der am besten erhaltene Bau der römischen Antike und wurde von Kaiser Hadrian als Tempel für alle Götter errichtet. Da sein Vorgänger den sieben Planetengöttern geweiht war, nimmt man an, dass die riesige Kuppel des Rundbaues das Himmelsgewölbe darstellen sollte. Der überwältigende Raumeindruck erschließt sich jedoch erst im Inneren. Die *Pantheonkuppel* beschreibt mit einem Durchmesser von 43,3 Metern und exakt der gleichen Höhe einen vollkommenen Halbkreis. Die Kassetten der Decke werden nach oben hin immer feiner und täuschen eine noch größere Höhe vor. Früher waren sie mit vergoldeter Bronze verziert, aus der im Barock jedoch der Altarbaldachin des *Petersdoms* gegossen wurde. Im Zenith der Kuppel stellt ein fast neun Meter großes Loch die einzige Lichtquelle des Raumes dar. Die scheinbar so vollkommene, leichte Konstruktion ruht auf über sechs Meter dickem, zweischaligem Mauerwerk, das ein ausgeklügeltes System an Hohlräumen, Stützpfeilern und Entlastungsbögen enthält. Das Material der Kuppelschale wird durch Beimischung von Vulkanasche nach oben hin immer leichter. Sie ist auch flacher, als sie scheint, und wurde erst nachträglich von innen zum Halbkreis ausgemauert.

? Schon gewusst?

Kaiser Hadrian betätigte sich selbst als Amateurarchitekt, stieß dabei aber nicht nur auf Bewunderung. Apollodorus von Damaskus riet ihm, sich lieber mit Kürbissen zu beschäftigen. Angeblich ließ der erzürnte Kaiser Trajans genialen Architekten deswegen später hinrichten.

Der Innenraum ist mit vier rechteckigen und drei halbrunden Nischen gegliedert, die möglicherweise einmal Statuen der Plane-

Schon gewusst?

Der Begriff Stadtviertel stammt von den römischen Militärlagern, die durch die beiden Hauptachsen geviertelt wurden.

tengötter enthielten. Die Verkleidung der Wände besteht aus buntem Stein, darunter Porphyr, einem purpurfarbenen Vulkangestein, das in der Antike den Kaisern vorbehalten war. Allerdings stammen Teile der Innengestaltung wie der Architrav aus späterer Zeit.

Von außen wirkt der *Pantheon* unscheinbarer. Die Steinverkleidung fehlt. Die äußere Mauerschale ist so weit hochgezogen, dass sie das untere Viertel der Kuppel verbirgt. Außerdem wurde vor den runden Tempelkörper (**Rotunde**) eine dreischiffige Vorhalle gesetzt. Das monumentale Portal mit seinen acht korinthischen Granitsäulen und dem flachen Ziergiebel verdeckt die Kuppel fast vollständig.

Villa Hadriana, Tivoli (118–138)

Der Landsitz des kunstsinnigen Kaisers Hadrian gehört zu den fantasievollsten Bauten der römischen Antike. Die einzelnen Gebäude sind ohne sichtbaren Gesamtplan und dem natürlichen Gelände angepasst errichtet. Die strenge Ausrichtung an einer Mittelachse, die noch unter Hadrians Vorgänger Trajan typisch für die römische Architektur ist, wird komplexen Grundrissen und lebhaft geschwungenen Linien geopfert. Eine fantasievolle Kombination von Kuppeln, Halbkuppeln und Gewölben ergibt abwechslungsreiche, neue Raumkonzeptionen. Die Gebäude sind teilweise – sehr freie – Nachbauten von berühmten Bauwerken. Ein 230 Meter langer, von Säulen umstandener Gartenhof ist von der Athener *Stoa Poikile* inspiriert. Ein halbrunder, in den Hügel gebauter Tempel mit Wasserkaskaden und einem langem Becken ist dem Serapisheiligtum der ägyptischen Stadt *Kanopus* nachempfunden. Um das Becken versammelt Hadrian Kopien berühmter Statuen wie der Karyatiden des *Erechtheions.*

Viele der halb zerstörten Gebäude geben heute Rätsel auf, z. B. der kleeblattförmige Raum an der *Piazza d'Oro* oder das *Teatro Maritimo*, eine kleine Villa, die auf einer kreisrunden Inseln in einem ebenso runden künstlichen Teich stand und nur über Drehbrücken zugänglich war. Manche Forscher meinen, dass der schwermütige Kaiser sich hierhin vor der Welt flüchtete, andere glauben an ein Heiligtum, das der Sterndeutung diente.

Die verspielte Ästhetik der Villa inspirierte vor allem die Baumeister des Barock. Doch trotz aller individuellen Prägung durch Hadrian stellt sie auch ein gutes Beispiel für den verfeinerten Baustil der römischen Kaiserzeit dar.

Timgad, Algerien (1.–3. Jh.)

Um 100 gründet Trajan für Veteranen der Legio Tertia Augusta die Kolonie Timgad, an deren gut erhaltenen Ruinen sich römische Stadtplanung bestens studieren lässt. Die Grundlage bildet das römische Militärlager. Sie haben einen rechteckigen Grundriss und sind von einer befestigten Mauer mit vier Toren umgeben. Zwei Hauptachsen – **Cardo** (von Norden nach Süden) und **Decumanus** (von Osten nach Westen) – teilen das Lager in Viertel. An ihrem Kreuzungspunkt befinden sich die Verwaltungsgebäude, der Exerzierplatz und das Haus des Kommandanten. Kleinere Straßen teilen die Stadt in gleichmäßige Blocks (**Insulae**). In Timgad ist das militärische Zentrum durch ein Forum ersetzt. Die beiden Hauptachsen waren gepflastert, kanalisiert und an beiden Seiten von Säulengängen flankiert, hinter denen sich Läden befanden. Die einzige punische Besonderheit stellte ein rundes Gebäude im Zentrum des Marktplatzes dar.

Obwohl die meisten Häuser zweistöckig und sehr kompakt gebaut waren und nur über einen Hof indirekt beleuchtet wurden, waren die 132 Insulare der Stadt bald überfüllt. Noch vor dem Ende des 2. Jh. dehnte sich die Stadt wenig planmäßig außerhalb der Mauern auf das Vierfache aus.

Timgad, Algerien

Mittelalter

Die Baukunst des europäischen Mittelalters steht ganz im Zeichen der Religion. Im Jahr 313 legalisiert Kaiser Konstantin (um 280–377) mit dem Mailänder Toleranzedikt den vorher so heftig verfolgten christlichen Glauben. 391 wird das Christentum Staatsreligion. Diese Verquickung von weltlicher Macht und Religion bestimmt das ganze Leben des Mittelalters und führt im Kirchenbau von den schlichten, frühchristlichen Basiliken über die massiven romanischen Kirchen bis hin zu den schwindelerregenden gotischen Kathedralen.

Notre-Dame, Paris

Frühes Christentum und Byzanz

Unmittelbar nach seinem Toleranzedikt beginnt Kaiser Konstantin den Bau großer, christlicher Kirchen zu fördern. Als er 330 die Hauptstadt nach Byzanz verlegt, das künftig Konstantinopel genannt wird, bilden sich zwei künstlerische Traditionen: die römisch-lateinische im Westen und die griechisch-byzantinische im Osten. Im Westen setzt die Eroberung Roms durch die Germanen im Jahr 476 der lateinischen Kultur ein abruptes Ende. Im Oströmischen Reich gibt es diesen scharfen Bruch nicht. Die byzantinische Kunst erlebt eine frühe Blüte unter Kaiser **Justinian** (527–565) und entwickelt sich dann stetig weiter bis zum Fall Konstantinopels im Jahr 1453.

Grundzüge der Architektur

Für das verfolgte Christentum haben Sakralräume keine Rolle gespielt. Kirche war da, wo sich die Gemeinde versammelte und möglichst sicher war. Nach der Anerkennung greift man auf traditionelle Formen zurück. Die Heiligtümer der Antike jedoch, zu denen nur der Priester Zugang hat, eignen sich nicht für christliche Gottesdienste. Stattdessen wählt Konstantin für den Bau der ersten großen Kirchen die Form der **Basilika**. Mit der halbrunden Apsis, in der der Thron des Herrschers gestanden hatte, bietet sie einen prominenten Platz für den Altar, auf den der ganze Bau ausgerichtet ist. Beim Bau von Märtyrerheiligtümern und Taufkirchen jedoch lässt man sich von den runden Kaisermausoleen und den eindrucksvoll überwölbten Thermen inspirieren. Beispielgebend wird die Rundkirche *Santa Costanza* in Rom, die Konstantin 354 über dem Grab seiner Tochter errichten lässt. Bei der *Grabeskirche in Jerusalem*, deren Bau 326 beginnt, werden ein Rundbau über dem Grab und eine fünfschiffige Basilika mit einer Mauer zusammengefasst.

! Roms frühe Basiliken

S. Giovanni in Laterano (313–319), von Konstantin als Salvatorbasilika gebaut, 600 von Papst Gregor d. Gr. umgetauft, im 17. Jh. barockisiert.
Alt Sankt Peter (324) über dem Grab des Apostels Petrus, im 15. Jh. durch den Petersdom ersetzt.
S. Paolo fuori le mura (386) über dem Grab des Apostels Paulus, 1823 abgebrannt und wieder aufgebaut.
S. Sabina (422–433), eine der am besten erhaltenen Basiliken.
S. Maria Maggiore (432–440), 1290 mit Querhaus und größerer Apsis versehen, später barockisiert.

Die lateinische Basilika

Die ersten christlichen Kirchen sind äußerlich schlichte Bauten, die innen aufwendig und farbenfroh ausgestattet werden. Das Hauptschiff wird rechts und links von einem oder mehreren, niedrigeren Seitenschiffen flankiert, die durch rundbogige Arkaden abgetrennt sind. Darüber bieten die Innenwände des Mittelschiffs (**Obergaden**) viel Platz für Bilderschmuck und Fenster. Auch die Wände des Seitenschiffs und der Vorderfront haben meist Rundbogenfenster, die durch mattes Glas oder gespaltene Alabasterscheiben gedämpftes Licht in den Raum lassen. Licht und Gemälde bzw. Mosaiken spielen in den frühchristlichen Kirchen eine große Rolle. Die Architektur tritt dahinter zurück. Die Gestaltung soll den Glauben erfahrbar machen. Der lang gestreckte Bau der Basilika steht für den Weg zu Gott. Das Eingangsportal liegt ab dem 9. Jh. immer im Westen. Wer noch nicht getauft ist oder eine Buße verrichtet, muss in der Vorhalle (**Narthex**) zurückbleiben und darf dem Gottesdienst nur durch die offenen Türen beiwohnen. In der Kirche geht der Gläubige Schritt für Schritt nach Osten auf die Apsis zu, die als Ort der Verheißung meist durch einen thronenden Christus geschmückt ist. Ein Triumphbogen um die Apsis stellt die Trennung zwischen weltlichem und ewigem Leben dar. Der Altarraum ist mit niedrigen Schranken abgetrennt. Mit einem tischartigen Altar, dem Priestersitz und einem Lesepult (**Ambo**) ähnelte die Ausgestaltung der heutigen.

Zwischen den Fenstern des Obergadens werden gern Heilige als Mittler zwischen Gott und der Welt dargestellt. Die Säulen oder Pfeiler stehen für die Apostel und Propheten, die Stützen der Kirche. Der Dachstuhl mit offen liegendem Balkenwerk symbolisiert den neuen Himmel, wie ihn die *Offenbarung des Johannes* verkündet.

? Schon gewusst?

Der mittelalterliche Hochaltar, an dem der Priester mit dem Rücken zur Gemeinde zelebriert, kam erst im 13. Jh. auf.

Der östliche Zentralbau

Im Oströmischen Reich setzt sich die Basilika nicht durch. Stattdessen entsteht ein neuer, eigener Kirchentypus: der Zentralbau mit

Markuskirche, Venedig

großer Kuppel. Sie soll das Himmelsgewölbe darstellen und erhebt sich über einem quadratischen, sechs- oder achteckigen Grundriss auf ebenso vielen Säulen. Um einen Übergang zwischen der runden Kuppel und dem eckigen Grundriss zu schaffen, entwickeln die byzantinischen Baumeister eine Übergangszone mit dreieckigen, gewölbten Zwickeln (**Pendentifs**). An den zentralen Raum können sich nach allen Seiten weitere anschließen. In mittelbyzantinischer Zeit kommt die **Kreuzkuppelkirche** auf, deren Grundriss von einem griechischen Kreuz mit vier gleich langen Armen gebildet wird. Über diesen entwickelt sich ein kompliziertes System von Zentralkuppel, Halbkuppeln und anderen Gewölbeformen, die sich gegenseitig stützen.

Byzantinische Chronologie

324–610:
Frühbyzantinische Phase
Geburtskirche, Bethlehem; *Hagia Sophia*, Konstantinopel; *Apostelkirche*, Konstantinopel.

610–1204:
Mittelbyzantinische Phase
Hagia Sophia, Kiew; *S. Marco*, Venedig.

1204–1453:
Spätbyzantinische Phase
Vatopedikloster, Athos; *Georgskathedrale*, Jurjew-Polski.

Die Wände werden deshalb zum Teil vollständig mit Goldgrundmosaiken überzogen. Deren Glitzern erzeugt eine mystische Aura, die dem auf Anbetung und Meditation ausgerichteten, orthodoxen Ritus entgegenkommt. Der reiche Bildschmuck lässt das Mauerwerk in den Hintergrund treten und rückt den Glaubensinhalt in den Vordergrund. Außerdem entspricht die prächtige Ausstattung dem Prunkbedürfnis der Kaiser, die auch Oberhaupt der orthodoxen Kirche sind. Eine ähnliche prunkvolle Außengestaltung kommt aber erst in mittelbyzantinischer Zeit auf (z. B. *S. Marco*, Venedig 1073).

Sonderfall Ravenna

Ravenna ist vor allem für seine Mosaiken berühmt. Unter der prächtigen, goldenen Oberfläche mischen sich lateinischer und byzantinischer Stil mit regionalen Besonderheiten, die sich durch die wechselvolle Geschichte der Stadt ergeben. In der ersten Hälfte des 5. Jh. wird sie von **Galla Placida** (um 390–450) regiert, der Tochter des letzten gesamtrömischen Kaisers Theodosius. Sie lässt im Narthex der Kirche *Santa Croce* zwischen 425 und 430 ein kleines Oratorium mit kreuzförmigem Grundriss für den hl. Laurentius anlegen. Es ist heute als *Mausoleum der Galla Placida* bekannt und im oberen Teil vollständig mit Mosaiken bedeckt. Alabasterscheiben in den Fenstern sorgen für Beleuchtung. Die Farbe dunkelblau dominiert und vor allem der Sternenhimmel in der Kuppel, aus dem ein goldenes Kreuz als Zeichen der Erlösung hervorleuchtet, verdeutlicht, wie Kunst und Architektur im Dienst der Glaubensaussage standen.

Ab 493 herrscht der Ostgotenkönig **Theoderich** (um 443–526) über die Stadt. Sein *Grabmal* lässt sich keinem Stil zuordnen. Es ist ein zehneckiger, zweigeschossiger Bau aus großen Natursteinen, die ohne Mörtel aufeinander gesetzt sind. Den runden Raum im Obergeschoss überdeckt ein fast 300 Tonnen schwerer gewölbter Stein mit elf Meter Durchmesser. In die Mauern gehauen sind Schmuckbänder mit abstrakten Tiermotiven, die wohl germanischen Ursprungs sind. Auch in den Kapitellen, der später von **Justinian** errichteten Kirchen wie *S. Vitale* finden sich verschlungene Ornamente, die mehr an nordische Holzschnitzkunst als an griechische oder römische Vorbilder erinnern.

S. Apollinare in Classe, Ravenna (549)

Ravennas größte frühchristliche Kirche im einstigen Hafenvorort Classe kombiniert die lateinische Architektur mit byzantinischem Dekor. In dem weiten, offenen Innenraum ist die schlichte, aber monumentale Basilikaarchitektur unverfälscht und in besonders harmonischen Proportionen zu bewundern. Lediglich die Erhöhung des Chores stammt aus späterer Zeit. Je zwölf Säulen aus grünweiß geädertem Marmor zwischen Haupt- und Seitenschiffen führen den Blick in die Apsis, wo der hl. Apollinaris auf ebenfalls grüner Wiese weiße Schafe weidet. Große Rundbogenfenster auf allen vier Seiten füllen den Raum mit Licht. Vor die Kirche ist ein schlichter Narthex gebaut. Der Dachstuhl ist offen gestaltet. Die byzantinische Ausstattung wurde allerdings im 15. Jh. bis auf die Mosaiken in der Apsis geplündert. Von der einstigen Pracht der Seitenwände kann man sich in der Schwesterkirche *S. Apollinare Nuovo* (520) im Zentrum Ravennas ein Bild machen. Auf goldenem Grund ziehen lange Prozessionen christlicher Märtyrer und Jungfrauen zum Altarraum. Darüber sind zwischen den Fenstern 32 Propheten dargestellt. Direkt unter der Decke, ganz nahe dem Himmel also, finden sich ebenso lebendige wie originelle Illustrationen der Wunder Jesu.

Auch *S. Apollinare Nuovo* ist eine schlichte, dreischiffige Basilika, die Proportionen wurden allerdings im Laufe der Zeit stark verändert.

? Schon gewusst?

Im Märtyrermosaik von *S. Apollinare Nuovo* findet sich ein leerer Palast. Bei genauem Hinsehen erkennt man an einigen Säulen Hände und die Umrisse eines thronenden Königs. Sie gehören zu Theoderich, der die Kirche als arianische Basilika S. Salvatore bauen ließ.

Nach seinem Tod wurde sie katholisiert und in St. Martin umbenannt. 856 überführte man die Gebeine des hl. Apollinaris, die in Classe nicht mehr sicher schienen, hierher und benannte die Kirche wieder um.

Hagia Sophia, Istanbul (532–537)

Die *Hagia Sophia* (griechisch: Heilige Weisheit) wird unter Kaiser Justinian als neue Haupt- und Krönungskirche Konstantinopels durch die Baumeister **Isidor von Milet** und **Anthemios von Tralleis** errichtet. Ihr gewaltiges Inneres lässt ein vollkommen neues Raumgefühl entstehen.

Obwohl die Kirche einen fast quadratischen Grundriss hat, bildet die zentrale Halle durch zwei große Halbkuppeln (**Konchen**), die rechts und links an die Mittelkuppel angefügt sind, ein lang gestrecktes Oval. An diesen Raum schließen sich mit kleineren Kuppeln und Gewölben eine große Zahl Nischen und Nebenräume an, die durch Bögen und Arkaden voneinander getrennt sind. Anstelle massiver Mauern tritt ein Gefüge von Räumen, die den Zentralbau fantasievoll nach außen erweitern.

Die große Kuppel ist 56 Meter hoch und hat einen Durchmesser von 33 Metern. Fensterreihen an ihrem Fuß erwecken den Eindruck, als würde sie auf einem Ring aus Licht schweben. Zusammen mit ihren Nebenkuppeln überwölbt sie einen riesigen Raum, der Menschen winzig erscheinen lässt. Die zentrale Apsis gegenüber dem Eingang, in der früher der Altar stand, ist nicht größer als andere Seitennischen und verkommt zur Bedeutungslosigkeit. Stattdessen sorgen die zahlreichen Fenster auf verschiedenen Ebenen und eine vollständige Auskleidung mit Goldmosaiken für verwirrende Lichtreflexe und eine überwältigende geheimnisvolle Aura. Mit der *Hagia Sophia* wurde kein Versammlungsraum für die Gemeinde mehr geschaffen, sondern ein „Haus Gottes“, ein Ersatzhimmel. Das komplizierte Deckengebilde erwies sich jedoch als fragil. Die erste Kuppel stürzte 559 ein und wurde etwas dicker wieder errichtet, ist aber seitdem noch zweimal gebrochen und musste von außen mit stützenden Zusatzmauern versehen werden. Mit der Eroberung Konstantinopels (1453) wurde die

Hagia Sophia, Istanbul

S. Vitale, Ravenna

Kirche zur Moschee. 1934 erklärte der türkische Staatsgründer Kemal Atatürk sie schließlich zum Museum.

S. Vitale, Ravenna (526–547)

Mit *S. Vitale* befindet sich ein typisch byzantinischer Zentralbau mit achteckigem Grundriss auf italienischem Boden. Der innere Kirchenraum ist mit einer Kuppel überwölbt, die auf einem sehr hohen zylindrischen Ring (**Tambour**) ruht. Diesen Tambour tragen acht Bögen mit schlanken Pfeilern. Zwischen den Bögen öffnen sich sieben Nischen, die mit zweistöckigen, halbrund gewölbten Arkadenbögen vom ebenfalls zweistöckigen äußeren Umgang

getrennt sind. In der byzantinischen Kirche hieß die obere Galerie **Matroneum** und war den Frauen vorbehalten. Der achte Bogen im Osten führt in den hohen Altarraum (**Presbyterium**) mit Apsis.

Das Kircheninnere ist vollständig mit Mosaiken und buntem Stein ausgestattet. Viele große Fenster, darunter acht im Tambour der Kuppel, lassen reichlich Licht in das Innere. Allerdings sind nur noch im Presbyterium und der Apsis die ursprünglichen Mosaiken zu sehen.

Von außen präsentiert sich auch *San Vitale* als schmuckloser Backsteinbau, mit leicht schräg angebautem Narthex.

Romanik

Nach den Wirren der Völkerwanderungszeit knüpft **Karl d. Gr.** (742–814) als Erster wieder an das kulturelle Erbe der Antike an. Zu seiner Krönung als Kaiser des Römischen Reiches im Jahr 800 lässt er sich in Aachen eine *Pfalzkapelle* nach dem Vorbild von *S. Vitale* bauen.

Unter seinen Erben zerfällt das Reich jedoch und erst Mitte des 10. Jh., als unter Kaiser **Otto I.** (936–973) und **Hugo Capet** von Frankreich (987–996) stabile Nachfolgestaaten entstanden sind, kommt auch ein neuer Kunststil auf, der sich erstmals über ganz

Europa (mit Ausnahme der orthodoxen Gebiete) verbreitet. Im 19. Jahrhundert führt ein französischer Kunsthistoriker dafür den Begriff Romanik ein. Sie wird ab 1140 – ausgehend von Frankreich – nach und nach durch die Gotik ersetzt.

! Romanik in Deutschland

950–1080: **Frühromanik**
St. Michael in Hildesheim, *St. Pantaleon* und *St. Maria* im *Kapitol* in Köln, *Essener Münster, Stiftskirche* in Gernrode, *Klosterkirchen* von Reichenau-Mittelzell, Hersfeld, *Kaiserpfalz* in Goslar.

1080–1150: **Hochromanik**
Dome von Speyer, Mainz, Würzburg, Havelberg, *Stiftskirchen* in Quedlinburg, Halberstadt, Königslutter, Magdeburg, *Klosterkirchen* von Maria Laach, Hirsau, Lorch, Paulinzella, Hildesheim.

1150–1250: **Spätromanik**
Dome von Worms, Trier, Braunschweig, Bamberg, Naumburg, Münster, Osnabrück, Paderborn, Limburg, *St. Aposteln* und *St. Gereon* in Köln, *Klosterkirchen* von Maulbronn, Jerichow, Lehnin, *Kaiserpfalzen* in Wimpfen, Gelnhausen, *Reichsburg* in Nürnberg, *Wartburg* bei Eisenach.

Grundzüge der Architektur

Die Zeit der Romanik ist von einem vorher nie da gewesenen Bauboom geprägt. Europa wird mit Zehntausenden von Kirchen, Klöstern und Burgen überzogen. Die herausragende, technische Leistung ist die Überwölbung großer Bauwerke mit Stein, prägnantes, äußeres Kennzeichen der römische **Rundbogen**. Er stellt ein wichtiges Konstruktionselement dar, wenn es gilt, Schubkräfte abzuleiten, aber auch in der Hochromanik wird er zum beherrschenden Gestaltungsmittel. Die gewaltigen technischen Fortschritte während des 11. und 12. Jh. sorgen dafür, dass romanische Sakralbauten allmählich ihren Wehrcharakter verlieren. Das Mauerwerk wird leichter, die Fenster größer und der Zierrat ausgeprägter.

Das Kreuzgewölbe

Antike Gewölbeformen wie das Tonnen- und das Kreuzgewölbe sind zu Beginn der Romanik noch bekannt, werden aber nur bei kleineren Räumen verwendet. Große Räume deckt man mit Dachstühlen aus Holz, die jedoch leicht Feuer fangen. Deshalb experimentiert man vor allem bei den großen Hallenkirchen im Südwesten Frankreichs ab dem 10. Jh. mit gemauerten Tonnengewölben. Um den gewaltigen Schub auf die

Außenwände abzufangen, beginnen einige Baumeister in regelmäßigen Abständen quer zum Langhaus stabilisierende **Gurtbögen** einzubauen (z. B. *St-Sernin*, Toulouse, 1080). Legt man auf diese Gurtbögen nicht eine Längstonne, sondern eine Reihe kleinerer **Quertonnen**, dann können diese sich gegenseitig stabilisieren (z. B. *St-Philibert*, Tournus, 950–1120). Erst in der Hochromanik wagen die Baumeister jedoch, das Langhaus großer Kirchen mit einer Reihe von **Kreuzgratgewölben** zu überspannen. Eine Variante davon, die für die Gotik bestimmend wird, ist das **Kreuzrippengewölbe**. Dabei werden zuerst die diagonalen, sich kreuzenden Bögen gemauert und erst anschließend die Mauerschale über diesem Skelett ausgefüllt (z. B. *Kathedrale von Durham*, 1133).
All diese Techniken teilen den Kirchenraum in einzelne Segmente, die **Joche**, die sich baldachinartig über den Kirchenbesuchern wölben und nicht länger den freien Blick zum Altar betonen. Im Rheinland konstruiert man daraus das **gebundene System**. Auf jedes Mittelschiffjoch kommen zwei Joche in den nur halb so breiten Seitenschiffen. Dies zieht einen regelmäßigen Wechsel von Haupt- und Nebenpfeilern mit sich.

? Schon gewusst?

Romanische Kirchen sehen oft aus, als wären sie aus Bauklötzchen zusammengesetzt. Diese Modulbauweise nennt man **Addition**. Sie gehört zu den typischen Kennzeichen der Romanik. In der Gotik verschmelzen die Grenzen.

Abteikirche Maria Laach

Neue Elemente

Schon in die frühchristlichen Basiliken wurde manchmal zwischen Altar- und Gemeinderaum ein **Querhaus** eingezogen. In der Romanik wird dieser Grundriss in Gestalt eines lang gestreckten, lateinischen Kreuzes zur Regel. In der karolingischen Zeit kommen Türme auf, teils über der **Vierung**, wo Lang- und Querhaus sich treffen, teils am so genannten **Westwerk**. Diese Vorkirche, die oft massiven Wehrcharakter hat, ist eine typisch karolingische Erfindung. Sie gilt als Gastraum des Königs und wird in Stationengottesdiensten liturgisch mitgenutzt. In der französischen Romanik schrumpft sie oft zu einem einzelnen Turm, der sich über dem Haupteingang wölbt. In Deutschland bleibt das Westwerk ausgeprägter und wird meist von zwei Türmen flankiert. Am größten ist die Vorliebe für Türme in der rheinischen Hochromanik. Die Abteikirche *Maria Laach* (1095–1156) beispielsweise hat sechs verschiedene.

? Schon gewusst?

Nach germanischer Vorstellung kamen Dämonen vom Westen, wo die Sonne untergeht. Deshalb waren die beiden Türme des Westwerks oft den beiden mächtigen Erzengeln **Gabriel** und **Michael** geweiht.

Typisch deutsch ist auch der **Westchor**. Er entsteht vermutlich, weil man einen zweiten Schutzheiligen der Kirche ebenfalls mit einem Hochaltar ehren will. Der Reliquienkult der katholischen Kirche hat schon in der Karolingerzeit zur Aufstellung einer Fülle von Seitenaltären geführt. In den französischen Wallfahrtskirchen entlang der großen Pilgerrouten entwickelt sich daraus der Chorumgang (z. B. *St-Martin*, Tours, 1000–50), ein Wandelgang um den Altarraum, der von einem Kapellenkranz umgeben ist. Auch Anzahl und Größe der **Krypten**, die meist unter dem Chor liegen und als Grabstätte für Bischöfe, Herrscher und Heilige dienen, nehmen zu.

? Schon gewusst?

Die größte Kirche des Abendlandes gehörte zum Kloster *Cluny*. Sie wurde von 1088–1121 errichtet, war 137 Meter lang, hatte sechs Türme, eine dreischiffige Vorkirche, zwei Querhäuser und 15 Seitenkapellen. Was heute als beeindruckende Ruine übrig geblieben ist, ist nur ein Arm des westlichen Querhauses.

Der Schmuck

Je mehr die technischen Fertigkeiten in der Romanik zunehmen, desto mehr Wert wird auch auf die Ausstattung der Kirchen gelegt. Bevorzugtes Dekor ist der Rundbogen. Man setzt Gurtbögen auch dort ein, wo sie für die Statik nicht nötig sind. Das Mauerwerk wird innen und außen mit **Blendarkaden** oder schmalen Säulengalerien geschmückt, die **Triforien** genannt werden, weil meist drei Bögen auf ein Joch kommen.

Bronzetür der Kirche St. Michael, Hildesheim

Über den Seitenschiffen entstehen **Emporen**. Um die Außenwände läuft unter dem Dach eine **Zwerggalerie**, die mit Arkaden verkleidet ist. In der Spätromanik beginnt sich die Bogenform zu verändern, läuft z. B. spitz oder erweitert sich kleeblattförmig.
Skulpturenschmuck findet man an den Säulenkapitellen, die mit fantasievollen Ornamenten, Dämonen oder auch ganzen biblischen Szenen verziert werden, und den Portalen. In dem halbrunden Feld über der Tür (**Tympanon**) ist oft das Weltgericht dargestellt. Seitlich schmücken Heiligenfiguren den Eingang. Obwohl die Schmuckflächen um die Türen manchmal fast überquellen, wird nur selten die ganze Fassade mit einbezogen (z. B. *Notre-Dame*, Poitiers, Anf. 12. Jh.). Reich mit biblischen Szenen geschmückte, romanische Bronzetüren sind noch in Hildesheim an der Kirche *St. Michael* (1015) und an *S. Zeno* (1140) in Verona zu bewundern. Ursprünglich waren die meisten romanischen Kirchen auch mit Fresken und geometrischen Mustern in kräftigen Farben ausgemalt. Einen Eindruck davon gibt noch *Notre-Dame* in Poitiers.

? Schon gewusst?

In der Romanik hielten die fantasievollen Ungeheuer und auch anschaulich illustrierten Weltgerichtsdarstellungen Einzug in die Kirchenkunst.

Die Klöster

Abseits der großen Bischofsstädte sind seit der Spätantike vor allem die Klöster Träger der Kultur. Die Klosterarchitektur orientiert sich an dem **Klosterplan von St. Gallen**, den ein unbekannter Schöpfer im 9. Jh. erstellt hat. In der

Mitte liegt die Kirche. Die Bibliothek und die Kopierstube (**Skriptorium**) sind im Norden des Chors angesiedelt. An der Südseite der Kirche befindet sich der Kreuzgang, um den herum sich die **Klausur**, der abgeschlossene Bereich der Mönche, zieht. Im Osten liegt die Wärmehalle (**Calfactorium**), aus der später der Kapitelsaal wird, in dem die Angelegenheiten der Gemeinschaft verhandelt werden. Darüber befindet sich der Schlafsaal (**Dormitorium**). Der Speisesaal (**Refektorium**) liegt an der Südseite. An die Klausur schließen sich im Süden und Westen Stallungen, Kornspeicher und Handwerksstätten an, im Norden und Osten die Gast- und Abtsräume sowie die Krankenstation.

Nach den Regeln des **hl. Benedikt** (um 480–547) sollen Mönche einfach und abseits der Welt leben. Doch gerade einstige Reformklöster werden mit der Zeit selbst reich und mächtig. Die Pracht von Cluny bringt **Bernhard von Clairveaux** (um 1090–1153) dazu, mit den **Zisterziensern** einen neuen Reformorden zu gründen, der im 12. Jh. rund 1500 Klöster in wenig besiedelten Gebieten errichtet. Die schlichte Schönheit ihrer Architektur lässt sich heute am besten am Klostergebäude von *Le Thoronet* (1160) in der Provence bewundern.

Pfalzen und Burgen

Nur noch als Ruinen vorhanden sind die rund 13.000 Burgen, die allein in Deutschland im Hoch- und Spätmittelalter entstanden. Bedeutende Vertreter wie die *Wartburg* bei Eisenach wurden jedoch rekonstruiert. Die Burgen bestehen anfangs oft nur aus einem Wehrturm (**Bergfried**). Später kommen Verteidigungsmauern, der **Palas** (lateinisch: palatium = Palast) und Wirtschaftsgebäude hinzu, die jedoch meistens nur aus Fachwerk gebaut sind. Neue Formen des Verteidigungsbaus bringen die Kreuzzüge aus dem Nahen Osten nach Europa.

Älter als die Burgen sind die Pfalzen, die den deutschen Kaisern als Quartiere auf ihren ständigen Reisen durch das Land dienen. Die ersten lässt Karl d. Gr. errichten. Sie bestehen in der Regel aus einem Wohngebäude und einer Kapelle. In der Romanik bauen die deutschen Kaiser Pfalzen in Speyer, Mainz, Gelnhausen, Goslar, Wimpfen, Nürnberg und Köln.

Kathedrale Santiago de Compostela (1075–1128)

Im 9. Jh. glaubt man in einem spätantiken Mausoleum im nordspanischen Compostela die Gebeine des Apostels **Jakobus d. Ä.** gefunden zu haben. Der Ort entwickelt sich schnell zu der bedeutendsten Wallfahrtsstätte des Abendlandes, die Pilgerströme aus ganz Europa anzieht. Viele der großen Kathedralen entstehen entlang der Wallfahrtswege.

Die *Kathedrale von Compostela* gehört zu den herausragenden Bauten der Frühgotik. Ihre Grundform ist nicht die Basilika, sondern die südfranzösische Hallenkirche mit drei gleich hohen Schiffen. Der Raum wird jedoch raffiniert mit einer durchgehenden Empore unterteilt, die sich auch um die Seitenschiffe des Querhauses zieht – möglicherweise eine islamische Anregung. Doppelte Arkadenbögen trennen sie vom Mittelschiff und geben dem ganzen Kirchenraum ein klar gegliedertes, für die Frühromanik sehr leichtes Aussehen. Das lange Mittelschiff, das mit einem Tonnengewölbe und Gurtbögen überdeckt ist, zieht den Blick noch eindeutig nach vorne in den Altarraum. Da sich das zentrale Gewölbe und die Empore gegenseitig stützen, geraten die Pfeiler erstaunlich schlank. Allerdings bekommt das Mittelhaus nur indirektes Licht über die Seitenschiffe und den Vierungsturm an der Westseite.

Die Portale sind mit reichem Skulpturenschmuck ausgestattet. Allerdings wurde die Fassade im Spätbarock umgestaltet. Original romanisch ist nur noch die *Puerta de la Plateria* am Südquerschiff.

Dom von Speyer

Dom St. Maria und Stephan, Speyer (1030–1125)

Der *Dom von Speyer* ist das größte erhaltene romanische Bauwerk. Mit 133 Meter Länge kam er fast an die große *Abteikirche von Cluny* heran und in der Spannweite übertraf er sie sogar. Er wird von dem deutschen **König Konrad II.** (um 990–1039) als Grablege für das salische Herrscherhaus begonnen und ist zunächst mit einem flachen Holzdach gedeckt. In einer zweiten großen Bauphase, die von 1080 bis 1125 dauert, lässt Konrads Enkel **Heinrich IV.** (1050–1106) den Dom als ersten Großbau überhaupt vollständig mit Kreuzgratgewölben überspannen. Dazu werden die Pfeiler, die die Ecken der

Gewölbebaldachine tragen sollten, mit vorgelegten Halbsäulen verstärkt. Zum ersten Mal reichen damit Tragelemente (**Dienste**) durch alle Zonen der Wand bis zum Gewölbeansatz, was später zum entscheidenden Konstruktionselement der gotischen Architektur werden wird.

Auch die neue Anordnung von drei Fenstern im Bogen eines Kreuzgewölbes trägt schon gotische Züge. Ganz im Zeichen der Hochromanik steht jedoch der vielfältige Einsatz des Rundbogens als Gestaltungselement. An der Außenfassade zieht sich eine Zwerggalerie direkt um das Langhaus und den Chor. Das Mauerwerk ist mit **Lisenen** gegliedert, senkrechten Mauerstreifen ohne tragende Funktion.

Die große *Hallenkrypta* mit 26 Säulen unter Chor und Querhaus, in der acht deutsche Kaiser und Könige begraben sind, gilt als eine der schönsten Unterkirchen der Welt.

1689 brennen die Truppen Ludwigs XIV. von Frankreich den Dom nieder. Er wird im 18. Jh. wieder neu aufgebaut. Das mächtige, schroffe Westwerk ersetzt man allerdings durch eine gefälligere neoromanische Fassade.

Baptisterium und Campanile, Pisa

Dom S. Maria Assunta, Pisa (1063–1118)

Die Romanik der Toskana unterscheidet sich vom übrigen Europa durch reich gegliederte Fassaden aus weißem und schwarzem Marmor sowie die alte Trennung von Kirche, Baptisterium und Glockenturm. Das schönste Gesamtensemble dieser Art findet sich auf der *Piazza dei Miracoli* (italienisch: Platz der Wunder) in Pisa mit dem weltberühmten *Schiefen Turm.*

Alle drei Bauwerke sind aus weißem Carraramarmor und mit demselbem spätromanischen Fassadenschmuck überzogen. So fällt es nicht auf, dass der Dom 100 Jahre früher begonnen wurde als *Baptisterium* und *Campanile.* Das untere Stockwerk umzieht eine Blendarkade, in deren Rundbögen typische Pisaner Rautenmuster aus farbigem Marmor eingelassen sind. Darüber reihen sich an der Domfassade vier Galerien mit auffallend dünnen Säulen bis unter den Dachfirst. Die Dachform mit dem hohen Mittelschiff und dem breiten, zweischiffigen Anbau an jeder Seite wird so extrem betont. Im Inneren scheint die Kirche zunächst nur aus einem Langhaus

zu bestehen, denn die Galerien über den Seitenschiffen überbrücken den Ansatz des Querhauses und ziehen sich bis in den Chor. Die abgetrennten Flügel des Querhauses stellen mit ihren Apsiden an der Stirnwand fast eigene Kirchen dar. Die ovale Kuppel über der Vierung, die auf einem achteckigen Tambour ruht, sowie die Verwendung von Spitzbögen in den Seitenschiffen gehen wahrscheinlich auf islamische Anregungen zurück.
Vor allem aber führt die Verwendung von weißem Marmor bei Galerien und Arkaden zu rhythmischen Hell-Dunkel-Effekten, die leicht und heiter wirken und so gar nichts von romanischer Schwere und Weltgerichtsstimmung haben. Manche Kunstexperten betrachten die toskanische Romanik deswegen schon als eine Vorform der Renaissance.

Gotik

Die gotische Architektur entsteht um 1140 in Frankreich aus der romanischen. Von dort aus verbreitet sie sich in Europa. In Deutschland tritt sie Anfang des 12. Jh. auf und entwickelt im 14. Jh. eine ganz eigene Ausprägung. Anfang des 15. Jh. beginnt die neue Sichtweise der Renaissance die Gotik und mit ihr die ganze mittelalterliche Kunst abzulösen. Der Name Gotik geht auf den italienischen Künstler Giorgio Vasari zurück, der die Kunst des Mittelalters mit diesem Begriff gegenüber dem der Renaissance als minderwertig (Goten = Barbaren) abtun wollte.

! Kleine Chronologie

1140–1200 Frühgotik
1200–1350 Hochgotik
1350–1500 Spätgotik

Grundzüge der Architektur

Technisch stellt die gotische Architektur eine Weiterentwicklung der romanischen dar, aber sie führt zu einer diametral entgegengesetzten Ästhetik. Grundlage ist das **Kreuzrippengewölbe**. Die Baumeister der Gotik stellen die Endpunkte der Rippenbögen auf tragende Pfeiler und können so ein Skelett konstruieren, das die Schubkräfte aufnimmt. Dadurch haben sie die Freiheit, leichte Wände mit großen Öffnungen zu bauen. An die Stelle dicker Mauern treten das Strebewerk und farbige Glasfenster. Der Rundbogen, der immer wieder zur Erde zurückführt, wird vom nach oben weisenden **Spitzbogen** abgelöst. Auch dieser ist zunächst ein Konstruktionselement, das aber zum Herzstück des immer reicher und feingliedriger werdenden Dekors avanciert.

Die Revolution von St-Denis

Abt Suger von *St-Denis*, der Begräbnisstätte der französischen Könige, glaubt an die überirdische Wirkung von Licht und Farbe. Als er 1140 mit dem Neubau des Chores beginnt, fordert er von seinen Baumeistern große Glasfenster und ausreichend Platz für die vielen Pilger. Die unbekannten Meister konstruieren einen doppelten Chorumgang mit nur ganz leicht ausgewölbten Kapellen. Trennwände gibt es nicht, dafür Säulen, die den Blick vom Altarraum zu den Buntglasfenstern der Chorkapellen nicht verstellen, sondern umrahmen. Dabei entstehen im Chorumgang jedoch trapezförmige Joche. Das ist ein Problem. Nur bei quadratischen Jochen sind die vier begrenzenden Rundbögen gleich hoch und damit auch gleich stabil. Die Meister von *St-Denis* wählen deshalb Spitzbögen, die im 11. Jh. aus dem islamischen Raum nach Deutschland gekommen sind, weil sie auch bei unterschiedlichem Durchmesser auf gleiche Höhe gezogen werden können. Abt Suger ist begeistert: „Das ganze Sanktuarium ist auf diese Weise von einem wunderbaren und von nichts durchbrochenen Licht durchflutet, das durch die überaus heiligen Fenster eindringt“, schwärmt er in seinem Baubericht. Mit dieser Begeisterung steht er nicht alleine. *St-Denis* macht schnell Schule.

St-Denis

Das Skelett

Die Säulen und Pfeiler gotischer Kirchen sind mit einem Bündel von Halb- und Viertelsäulen umgeben, den so genannten **Diensten**, die sich in der Höhe aufteilen und als Rippen das Gewölbe tragen. Vor allem die englischen und deutschen Baumeister entwickeln später eine fantasievolle Fülle von Fächer-, Netz- und Sterngewölben. Doch diese dünnen, schlanken Rippen tragen nicht die ganze Last. Ein guter Teil des Schubs wird nach außen abgeleitet. In den frühgotischen Kirchen nehmen ihn noch die Wände der Seitenschiffe auf.

Doch als diese immer niedriger werden, um mehr Platz für Fenster zu schaffen, entsteht das äußere **Strebewerk** aus Bögen und Pfeilern.
Betritt man das Langhaus der gotischen Kathedralen, dann entwickeln die feingliedrigen, gleichförmigen Pfeilerreihen, die hoch oben spitz zusammenlaufen, fast einen Sog nach vorne in den Chorraum. Das additive Prinzip der Romanik ist völlig verschwunden. Stattdessen wird immer höher, immer spitzer, immer schwindelerregender gebaut. Mit den Kathedralen soll das himmlische Jerusalem auf die Erde geholt werden. Der Schweizer Architekt Le Corbusier spricht 700 Jahre später von den „Wolkenkratzern Gottes".

Die Füllung

Zwischen den tragenden Skelettteilen der gotischen Kathedralen fügen die Baumeister neue Mauerelemente ein, z. B. Triforien oberhalb der Arkaden, die Mittel- und Seitenschiff trennen. Vor allem aber werden immer mehr und immer größere Fenster gebaut. Man darf sich die Kathedralen deswegen aber nicht hell vorstellen. Das von Abt Suger so gefeierte Licht gleicht eher dem Gefunkel von Edelsteinen als dem Strahlen der Sonne. Die *Kathedra-*

Schon gewusst?

Um die höchste Kathedrale fand ein regelrechter Wettbewerb statt. *Notre-Dame* in Paris ist 32 Meter hoch, die *Kathedrale* von Chartres 38 Meter, Reims 40 Meter, Amiens 42,5 Meter und der *Kölner Dom* 43 Meter. In Beauvais wollte man mit 44 Metern kontern, doch der Bau stürzte mehrmals ein. Deshalb nutzt man heute ein kurioses, unproportioniertes Gebäude, das aus dem riesigen Querhaus samt Chor besteht. Auch der *Dom* von Siena war einst als Querhaus gedacht.

Ste-Chapelle, Paris

le von Chartres mit ihren original erhaltenen Buntglasfenstern gibt noch einen guten Eindruck davon. Hellere Fenster mit mehr weißem Glas kommen erst um 1270 auf. In der Hochgotik reichen die Fenster von einem Pfeiler bis zum nächsten. Die Mauern dazwischen sind völlig verschwunden. Ein feines Strebewerk aus Stein unterteilt die Glasflächen in mehrere schmale Fenster. Darüber findet sich das **Maßwerk**: runde, mit dem Zirkel geschlagene Rosettenformen, deren steinernes Skelett ebenfalls mit buntem Glas gefüllt ist. Der **Rayonnantstil** (französisch: rayonnant = strahlend) ersetzt immer mehr Wand durch Glas und Maßwerk. 1231 wird beim Neubau von *St-Denis* erstmals das Triforium verglast. Bei der *Ste-Chapelle* (Paris, 1242–48) beginnen die Fenster knapp über dem Boden.

? Schon gewusst?

Alle gotischen Kathedralen waren innen farbenfroh bemalt. Das Gewölbe wurde dabei gerne als Himmel mit Sternen gestaltet. Einen Eindruck davon bekommt man in der *Oberkirche von S. Francesco in Assisi.*

Die Westfassade

Während bei vielen romanischen Kirchen das Westwerk noch ein

Notre-Dame, Paris

schroffes Bollwerk gegen die Welt dargestellt hat, wird die vordere Front in der Gotik zur Schaufassade. Als erste ausgewogene Komposition, die beispielgebend für spätere Bauten werden wird, gilt die Westfassade von *Notre-Dame* in Paris. Sie ist sowohl horizontal wie vertikal dreigeteilt. Das optische Zentrum bildet eine große **Fensterrosette**. Sie steht sowohl für Christus, „die neue Sonne", wie Maria, „die unbefleckte Rose". Die drei Portale liegen in tiefen Trichtern, deren **Gewände** mit Heiligenfiguren bestückt sind. Eine **Königsgalerie** trennt die unterste Zone und das Rosengeschoss. Die vertikalen Streben sind mit kleinen Türmchen verblendet. In der Hochgotik wird dieser ganze Schmuck noch filigraner und viel spitzer. Über Portalen und Fenstern, aber auch jedem Bogen der Königsgalerie, strecken sich durchbrochene Ziergiebel (**Wimpergen**) bis hoch in das nächste Geschoss. Kleine Türmchen (**Fialen**) krönen alle möglichen Vorsprünge. Ihre Helme, aber auch Strebebögen und andere Kanten sind mit Reihen von Kriechblumen (**Krabben**) besetzt und an der Spitze mit einer Kreuzblume gekrönt. Mit Ende des Hundertjährigen Krieges (1453) wird die Ornamentierung besonders überschwänglich. Der **Flamboyantstil** (französisch: flamboyant = flammend) führt das züngelnd-flackernde Fischblasenornament in das Maßwerk ein.

? Schon gewusst?

Wenn bei gotischen Bauprojekten das Geld oder der Elan ausgingen, traf es meistens die Türme. Das *Straßburger Münster* hat nur einen Turm, *St-Etienne* in Sens nur einen halben, *Chartres* zwei verschiedene.

Bauhütte und Bürgertum

Die gotischen Kathedralen, deren Bau sich oft über Generationen hinzieht, sind nicht länger Sache von Herrschern und Bischöfen, sondern ein Gemeinschaftswerk ganzer Städte. In Chartres bilden sich Bruderschaften zur Unterstützung des Kathedralenbaus und Abt Heimon von *St. Pierre-sur-Dive* schreibt: „Wer hat je Ähnliches gesehen und gehört, dass mächtige Herren und Fürsten der Welt, aufgebläht von Reichtum und Ehren, dass selbst Frauen von edler Geburt ihre stolzen Häupter gebeugt und gleich Zugtieren sich an Karren spannen, um Wein, Getreide, Öl, Kalk, Steine, Holz den Werkleuten einer Kirche zuzuführen?“

Anstelle des alten Feudalwesens entsteht ein frühkapitalistisches Bürgertum. Die Städte haben ihr eigenes Recht und betreiben Fernhandel. Die Handwerker organisieren sich in Zünften. Für den Bau der Kathedralen sind alle Beteiligten in der Dombauhütte zusammengefasst, der ein Meister vorsteht. Die haben zwar noch wenig Ahnung von Statik und arbeiten ohne Metermaß, halten ihre Erfahrungen aber in Baubüchern fest und geben sie weiter. Das städtische Selbstbewusstsein schlägt sich in repräsentativen Stadttoren, Handelsgebäuden und vor allem Rathäusern nieder. Deren Architektur orientiert sich in Belgien oft an Sakralbauten, in Italien an Burgen. In Deutschland entwickelt sie sich vielerorts aus dem regionalen Hausbau. Auch die ersten bürgerlichen Pfarrkirchen wie das *Freiburger Münster* werden errichtet.

! Städtische Bauten

Belgien: *Rathäuser* von Brüssel, Brügge, Löwen; *Tuchhalle,* Ypern.
Deutschland: *Rathäuser* von Braunschweig, Münster, Frankfurt (Römer); Gürzenich, Köln; *Stadttore* von Lübeck, Stendal, Neubrandenburg.
England: *Magdalen College* und *Divinity School,* Oxford.
Frankreich: *Hôtel-dieu,* Beaune; *Justizpaläste* von Poitiers und Rouen.
Italien: *Palazzo Publico,* Siena; *Palazzo Veccio,* Florenz
Polen: *Rathäuser* von Danzig und Thorn.
Spanien: *Börse,* Valencia; *Börse* und *Rathaus,* Barcelona.

Die Gotik in Europa

1175 wird der Baumeister **Guillaume de Sens** nach Canterbury berufen, um beim Bau der neuen Kathedrale zu assistieren. In der Folge breitet sich die Gotik auf der Insel schnell aus. Es entsteht ein regelrechter Wettbewerb mit Frankreich. Allerdings strebt man nicht sonderlich in die Höhe. Die großen englischen Kathedralen präsentieren sich sehr breit, sehr lang, mit zwei kleinen, in die Westfassade integrierten Türmchen und – besonders während des **Decorated Style** – mit einer äußerst verschwenderischen Ornamentik.

In Deutschland verwenden die Zisterzienser schon im 12. Jh. Kreuzrippengewölbe. Der Orden trägt viel zur Verbreitung des Stils bei, reduziert ihn aber auf die architektonischen Grundprinzipien. Der Einfluss französischer Architekten wird erstmals 1209 am *Magdeburger Dom* sichtbar. Bei den ältesten, rein gotischen Kirchen, *St. Elisabeth* in Marburg und die *Liebfrauenkirche* in Trier, einer Hallenkirche und einem Zentralbau, wird die französische Architektur sehr frei umgesetzt. Überhaupt werden im damaligen deutschen Reich neben dem *Kölner Dom* nur das *Straßburger Münster* und der *Prager Veitsdom* im französischen Stil begonnen, aber beide im deutschen fertig gestellt.

! Die Gotik in England

1180–1250:
Early English Style
Kathedralen von Salisbury, York.

1250–1350:
Decorated Style
Kathedralen von Lincoln, Exeter, Wells.

1350–1500:
Perpendicular Style
Kathedrale von Gloucester, *King's College Chapel,* Cambridge.

Im 13. Jh. gewinnen die Predigerorden der Dominikaner und Franziskaner immer mehr Einfluss. Das Ideal sind jetzt schlichte, offene Kirchenräume, in denen jeder einen guten Blick zur Kanzel hat. Dafür eignen sich Hallenkirchen, die statt einer steilen Mittelflucht einen weiten, hellen Raum aufweisen. Die Wände sind einfach gestaltet. Die Dienste verschmelzen zu glatten Pfeilern. Die äußeren Strebepfeiler werden in die Wand integriert, sodass das Äußere kompakt wirkt. Auf ein Querhaus wird oft verzichtet. Rund um die Ostsee entsteht mit der **Backsteingotik** ein völlig eigener Stil, der auf Profanbauten und Kirchen gleichermaßen angewendet wird.

King's College Chapel, Cambridge

? Schon gewusst?

Der *Kölner Dom* ähnelt der *Kathedrale von Amiens*, ist allerdings noch größer, schlanker und ausdrucksvoller. Der Bau wird Ende des 15. Jhs. eingestellt. Jahrhundertelang klafft eine riesige Lücke zwischen dem Ostchor und den Westtürmen, bis die deutschen Romantiker im 19. Jh. die Fertigstellung zur nationalen Sache erklären.

Da dieser Werkstoff keine so starke Durchbrechung der Mauern möglich macht, entwickeln die Baumeister ein reiches Repertoire an Giebelformen und Blendmaßwerk, das weiß gekalkte Mauern hervorheben.
Auch in Italien findet der sakrale, französische Stil keinen Eingang. Sowohl die Städte, die schon früh zu Macht und Wohlstand gekommen sind, wie die Predigerorden bevorzugen weite, offene Kirchen (z. B. *S. Croce*, *S. Maria Novella* und *Dom in Florenz*).

Kathedrale Notre-Dame, Chartres (1194–1260)

Die *Kathedrale von Chartres* stellt einen Wendepunkt in der französischen Gotik dar. Der Bau fasst alle Entwicklungen der Frühgotik zusammen und wird mit wichtigen Neuerungen richtungswei-

Buntglasfenster in der Kathedrale Notre-Dame, Chartres

send für die Hochgotik. Um im Obergaden größere Fenster einbauen zu können, verzichtet man auf die Empore, die in den frühgotischen Kirchen das Hauptschiff stützt. Deshalb ist ein aufwendiges, äußeres Strebewerk über die Dächer der Seitenschiffe hinweg nötig. Es wird in Chartres zum ersten Mal nicht als notwendiges Übel, sondern als dekorativer Bestandteil der Kathedrale behandelt. Die Wände im Inneren weisen eine neue, dreistöckige Gliederung auf. Die Fenster entsprechen in Höhe und Form den Arkaden. Getrennt werden sie durch ein schmales Triforium. Die Fensterkombination im Obergaden aus zwei hohen Spitzbogenfenstern mit einer Rose nimmt die Form der späteren, kunstvollen Maßwerkfenster vorweg.

Auch der Bildschmuck der Kathedrale, der 2000 Figuren umfasst, gilt als wegweisend. Manche Kunsthistoriker bezeichnen Char-

? Schon gewusst?

Die gotischen Kathedralen wurden auch als Gemeindezentren genutzt. Es gibt mehrere Überlieferungen, dass dort Bürgerversammlungen, Gerichtsverhandlungen und kulturelle Vorführungen stattfanden.

Schon gewusst?

Chartres war im Mittelalter beliebtes Pilgerziel, weil dort ein Gewand aufbewahrt wurde, das Maria bei der Geburt von Jesus getragen haben soll. Am 10. Juli 1194 vernichtete ein Brand die Kirche und einen Großteil der Stadt, das Gewand aber blieb unversehrt. Die Bevölkerung interpretierte das als Aufforderung Marias, ihr eine neue, prächtigere Kathedrale zu bauen.

tres auch als das „St-Denis der Skulptur“, weil erstmals der uneinheitliche, oft düstere Schmuck romanischer Portale durch ein theologisch ausgefeiltes – und dazu noch künstlerisch meisterhaftes – Programm ersetzt wird. Die 5000 Quadratmeter fein bemalter Fensterfläche läuten eine Ablösung der Freskenmalerei durch die Glasarchitektur ein.

Kathedrale Notre-Dame, Reims (1210–1300)

Die *Krönungskathedrale* der französischen Könige gilt als der Höhepunkt der hochgotischen Baukunst. Grundriss und Innenraum sind deutlich an *Chartres* orientiert. Aber erstmals wurden hier die Flächen zwischen den Strebepfeilern des Obergadens ganz mit kunstvollen Maßwerksfenstern ausgefüllt. Die Architektur tritt in Reims völlig hinter dem Dekor zurück. So sind die Pfeiler und Bögen des Strebewerks mit spitzen Fialen gekrönt, in deren Tabernakeln überlebensgroße, geflügelte Engel den ganzen Bau gewaltig in die Höhe zu ziehen scheinen.

Die Westfassade ist in die klassischen, horizontalen Zonen geteilt. Dabei ragen die hohen Wimpergen der unteren Zone jedoch weit in die nächste und überdecken den Ansatz von Strebepfeilern und Türmen. Jedes Gebäudeteil taucht erst aus dem überreichen Zierrat auf, wenn es selbst schon leicht und schlank ist, sodass die ganze Architektur zu schweben scheint.

Erstmals ist im Tympanon des Mittelportals auch eine zweite große Maßwerksrosette eingesetzt. Von außen geht sie, ebenso wie das verglaste Triforium, fast unter. Blickt man im Inneren der Kirche aber nach Westen, dann sieht man auf einen steinernen Tordurchgang, der die beiden Rosen und die bunten Fenster des Triforiums umrahmt und zum Leuchten bringt.

Münster, Ulm (1377–1419)

Das *Ulmer Münster* ist die steingewordene Manifestation des bürgerlichen Selbstbewusstseins in der Spätgotik. In einer Stadt von

Notre-Dame, Reims

nicht einmal 20.000 Einwohnern wird eine Kirche gebaut, die 29.000 Gläubige fasst. Größer sind nur der *Kölner Dom* und der *Stephansdom* in Wien. Zunächst ist der Bau als dreischiffige Hallenkirche gedacht. Doch um 1390 fasst die immer reicher und mächtiger werdende Bürgerschaft den Plan, den höchsten Kirchturm der Welt zu bauen. Um ihn abzustützen, muss das Mittelschiff mehrmals erhöht werden. Aus der Hallenkirche wird eine Basilika. Der Turm hat einen quadratischen Grundriss von 21 Meter Seitenlänge. Um den Unterbau in das Langhaus der Kirche zu setzen, muss es von 13 auf zehn Joche verkürzt werden. Vor den Turm wird eine große Westhalle mit drei offenen Torbogen gebaut, die als Ort des weltlichen Gerichts dient.

Mit Heinrich d. Ä, Michael und Heinrich d. J. aus der Parlerfamilie

Schon gewusst?

Im Verlauf der Gotik traten die Baumeister aus der Anonymität. In Reims verewigten sie ihre Namen in einem – nicht mehr erhaltenen – Fußbodenlabyrinth: Jean d'Orbais, Jean le Loup, Gaucher de Reims, Bernard de Soissons und Robert de Coucy.

sowie **Ulrich von Ensingen** (gest. 1419) arbeiteten einige der renommiertesten Baumeister der Zeit am *Münster*.
Trotzdem gibt es immer wieder Probleme. Anfang des 16. Jhs. muss in die Seitenschiffe, die breiter als das Mittelschiff sind, eine Stützenreihe eingezogen werden, sodass eine fünfschiffige Basilika mit dichtem Netzgewölbe entsteht. 1529 wird der Bau des Westturms wegen starker Risse bei 70 Metern eingestellt. Erst 1890 wird er mit 161 Metern wirklich der höchste Kirchturm der Welt. Auf diesen Turm ist das ganze Gebäude zugeschnitten. Ausgehend von dem ungewöhnlich breiten, fünfschiffigen Grundriss wird die Silhouette in rhythmischen Abständen immer schmaler und filigraner, bis sie in einem durchbrochenen Helm endet.

Die Familie Parler

Die Parlers sind die berühmteste Baumeisterfamilie der deutschen Gotik. **Heinrich Parler** (geb. um 1300) war als Parlier (Stellvertreter des Hüttenmeisters) am Bau des *Kölner Doms* beteiligt. 1351 baut er in Schwäbisch Gmünd die erste Hallenkirche Süddeutschlands.
Seinen Sohn **Peter** (1330–99) beauftragt Kaiser Karl IV. im Alter von 23 Jahren mit der Vollendung des Prager *Veitsdom* und machte ihn zum Hofarchitekten. Ein Mitglied der Parlersippe zu verpflichten, wird zur Prestigesache.

Gotische Burgen und Paläste

Verteidigungsanlagen: *Castel del Monte*, Apulien; *Krak de Chevaliers*, Syrien; *Befestigungen* von Carcassonne, Aigues-Mortes, Chester und Visby.
Burgen: *Ordensschlösser* in Allenstein, Marienburg und Neidenburg; *Karlstein* bei Prag; *Albrechtsburg*, Meißen; *Burg Eltz*.
Schlösser: *Sully* a. d. Loire, Poitiers, Amboise, Blois, Josselin.
Paläste: *Papstpalast*, Avignon; *Dogenpalast* und *Ca d'Oro*, Venedig.

Renaissance

Die Renaissance (französisch: Wiedergeburt) stellt den ersten Kulturstil der Neuzeit dar. Sie beginnt Anfang des 14. Jhs. in Florenz und beruft sich auf die Antike. Sie ist geprägt von einem neuen Interesse an den Naturwissenschaften und der Suche nach den Gesetzmäßigkeiten des Lebens. Bis 1530 findet sie fast ausschließlich in Italien statt. Danach existieren bis zum Beginn des 17. Jhs. in den europäischen Ländern verschiedene Spielarten nebeneinander, die teilweise schon frühbarocke Elemente enthalten. Einen eigenen Stil stellt der Manierismus dar.

S. Spirito, Florenz

Die Frührenaissance

Im Verlauf des 14. Jhs. entsteht mit dem **Humanismus** eine neue geistige Strömung. Sie wird durch den Dichter **Francesco Petrarca** (1304–74) mitbegründet, der in seinen Abhandlungen das Geistesgut und die Geschichte der Antike aufgreift. Der Humanismus fordert eine unvoreingenommene Naturbeobachtung, die nicht auf kirchlichen Dogmen beruht, sondern auf Vernunft und Erfahrung. Er ist nicht antireligiös, vertritt aber die Überzeugung, dass hinter der göttlichen Schöpfung Gesetzmäßigkeiten stehen, die jeder erkennen kann. Das Deutungsmonopol der Kirche ist damit infrage gestellt. In den italienischen Stadtstaaten trifft der Humanismus auf ein gebildetes, selbstbewusstes Bürgertum, das durch eigene Unternehmungen reich geworden ist. Es ist nicht mehr vornehmlich an einem besseren Jenseits orientiert, sondern verfügt über die

! Kleine Chronologie

1400–1500 Frührenaissance
1500–1530 Hochrenaissance
1530–1590 Spätrenaissance
1520–1610 Manierismus

Mittel, sich das Diesseits schön zu machen.

Grundzüge der Architektur

Die Gebäude der Frührenaissance greifen die Gesetzmäßigkeiten der römischen Antike auf. Die Körper werden aus einfachen, regelmäßigen Formen gebildet und axial ausgerichtet. Höchstes Schönheitsideal ist der Kreis, weil er vollkommene Symmetrie darstellt. Elemente wie die Kuppel, die Rotunde und der Zentralbau werden wiederentdeckt. Die anerkannten Formen beruhen auf mathematisch berechenbaren Regeln, die in der künstlerisch interessierten Öffentlichkeit diskutiert werden. Die Entdeckung der Perspektive führt dazu, dass die Bauwerke auf einen optischen Fluchtpunkt hin ausgerichtet werden. Dies geschieht durch die Betonung waagrechter Linien wie Gesimse, Dachkanten oder Schmuckbänder. Auch lange Fensterreihen und Arkadenbögen unterstreichen die Horizontale. Die Gebäude sind deshalb nicht wie im Mittelalter fast beliebig erweiterbar, sondern stellen ein abgeschlossenes, streng durchkomponiertes Ganzes dar.

Die Revolution von Florenz

Der künstlerische Stil der Frührenaissance ist das Werk einiger Florentiner Künstler. Sie empfinden die Gotik als barbarisch, sehen ihre Wurzeln in der Antike und beschließen, eine Wiedergeburt dieses „goldenen Zeitalters“ herbeizuführen. Der Architekt **Filippo Brunelleschi** (1377–1446) und der Bildhauer **Donatello** (um 1386–1466) besuchen gemeinsam Italien, um Kunst und Bauwerke der Antike zu studieren. 1419 entwirft Brunelleschi die ersten, stilbildenden Renaissancegebäude: die *Alte Sakristei von S. Lorenzo*, einem würfelförmigen Raum mit runder Kuppel, und die lang gestreckte Rundbogenloggia des *Spedale degli Innocenti.* Sein Stil ist schmucklos, betont geometrisch und beruht vor allem auf technisch-funktionalen Erwägungen. Er ist überzeugt, dass die räumlichen Probleme mit mathematisch-wissenschaftlichen Methoden bewältigt werden müssen. Brunelleschi gilt auch als einer der Entdecker der Zentralperspektive.

San Lorenzo, Florenz

! Filippo Brunelleschi

Der wichtigste Architekt der Frührenaissance ist gelernter Gold- und Silberschmied. 1401 beteiligt er sich an einem Wettbewerb um die Bronzetüren für das Florentiner *Baptisterium*. Er unterliegt **Lorenzo Ghiberti** (1378–1455). 1418 sollen beide gemeinsam die Domkuppel errichten, doch Ghiberti zieht sich aus dem Projekt zurück.

Der große Theoretiker der Frührenaissance ist **Leon Battista Alberti** (1407–72). Auch er studiert gründlich die antiken Gebäude, um deren Ordnungen und Gesetzmäßigkeiten auf die Spur zu kommen. Seine *Zehn Bücher über die Baukunst* (1485), die auf den wiederentdeckten Schriften des römischen Militäringenieurs **Vitruv** (60 v. Chr.–10 n. Chr.) beruhen, werden wegweisend für die Architektur der nächsten Jahrhunderte. Als Architekt ist Alberti ein reiner Planer. Seine Arbeiten führen immer andere aus.

Die Architekten

Der Architekt der Renaissance unterscheidet sich grundlegend vom Baumeister des Mittelalters. Viele sind Maler oder Kunsthandwerker. Die meisten verfügen über eine beträchtliche theoretische Bildung. Als Künstler und Intellektuelle genießen sie bei ihren Auftraggebern beträchtliches Ansehen. Sie entwickeln ihre Werke aus eigenen Theorien und ästhetischen Vorlieben heraus, nicht nach einem tradierten Kanon. Allerdings sind sie von den Wünschen ihrer reichen Mäzene abhängig. Mit der Erfindung des Buchdrucks (1445) kommen eine große Anzahl von Architekturbüchern und -traktaten in Umlauf, vor allem die Schriften von Vitruv, Alberti und Andrea Palladio. Erstmals bekommen auch nicht realisierte Pläne eine Bedeutung für die Baugeschichte. Mit ihrem großen theoretischen Hintergrund bleibt die Kunst der Frührenaissance allerdings die Sache einer gebildeten Minderheit.

Das Design

Eine wichtige Grundlage des Renaissancestils stellen die Säulenordnungen der römischen Antike dar. Neben der dorischen, ionischen und korinthischen sind das die Kompositordnung und die toskanische, eine vereinfachte Abart der dorischen. Die Wahl der Ordnung bestimmt die Maßverhältnisse des Bauwerks und die Ausschmückung. Auch die Ädikula, der Rundbogen und der Dreiecksgiebel werden wiederentdeckt. Die Architekten orientieren ihre Fassaden gerne an der Raumaufteilung im Inneren oder illus-

trieren das Prinzip von Stütze und Last durch Frontansichten, die dem Gebälk griechischer Tempel ähneln. Allerdings sind die Elemente meist reine Verblendung und erfüllen keine tatsächlich tragende Funktion. Als Material liebt man vor allem bunten Marmor. Die farbliche Gestaltung ordnet sich jedoch der Geometrie unter.
Insgesamt schlägt sich das neu erwachte Interesse an den Naturwissenschaften vor allem in der äußeren Gestaltung nach geometrischen Gesetzen nieder. Bedeutende technische Neuerungen gibt es – abgesehen von den großen Kuppeln – kaum. Im Gegensatz zu Brunelleschi interessieren sich viele Künstler wenig für die innere Struktur des Baukörpers. Manchmal werden mittelalterlichen Kirchen nur Renaissancefassaden vorgesetzt wie bei Albertis Neugestaltung von *S. Maria Novella* in Florenz (1448–70). Sein Design macht allerdings Schule; vor allem die großen steinernen Voluten, mit denen er den Übergang zwischen Haupt- und Seitenschiffen kaschiert.

Der Palazzo

In der Renaissance wird Wohnen zum ersten Mal seit der Antike wieder ein Thema. Während im Mittelalter jeder persönliche Prunk als sündhaft galt, ist man jetzt mit Aristoteles der Meinung, dass Wohlstand den Ruf eines Mannes, seiner Familie, seiner Stadt und sogar seines Landes hebt. Jede Familie wünscht ihren repräsentativen Stadtpalast. Im Design allerdings wirken die Wehrtürme des 13. und 14. Jhs. noch nach, als blutige Machtkämpfe die italienischen Städte erschüttert haben. Das Mauerwerk besteht in der Frührenaissance meist aus rauen, grob behauenen Steinquadern (**Rustika** oder **Bossenwerk**), die eigentlich nicht dem Ideal von klaren Linien und geometrischen Formen entsprechen. Die meisten Palazzi sind dreistöckig und durch stark betonte Gesimse horizontal unterteilt. Den oberen Abschluss bildet ein flaches Dach mit mächtig vorspringendem Gebälk nach antikem Vorbild. Die Räume gruppieren sich wie bei der römischen Peristylvilla um einen rechteckigen Innenhof (**Cortile**). Alberti führt mit dem *Palazzo Rucellai* (1446–51) Pilaster als Wandschmuck ein, die wie beim Kolosseum im Erdgeschoss dorische, im ersten Stock ionische und im zweiten korinthische Kapitelle tragen.

? Schon gewusst?

Die Palazzi der Renaissance sind die ersten Gebäude, die eine Kleinfamilie – also ein Paar mit seinen Kindern – ganz alleine bewohnt.

Plätze und Städte

Die typisch italienische Piazza ist ein Produkt der Renaissance. Man will nicht nur das Gebäude nach idealen Maßen gliedern, sondern es ebenso harmonisch in die Umgebung einbinden. So wird z. B. Brunelleschis *Spedale degli Innocenti* an der *Piazza della S.S. Annunziata* in Florenz ein weiterer Palast mit korrespondierender Loggia gegenüber gesetzt. In Pienza bei Siena flankiert **Bernardo Rossellino** (1409–64) eine trapezförmige Piazza mit dem Bischofspalast und dem *Palazzo Piccolomini* so, dass ihre Fronten auf die Kathedrale an der Stirnseite verweisen (1459).

Auch die Frage nach der idealen Stadt spielt im humanistischen Denken der Renaissance eine Rolle. Nachdem die alte, scheinbar von Gott gegebene Gesellschaftsordnung des Mittelalters abgeschüttelt ist, suchen die Philosophen eine neue – vernünftige – Ordnung. Die Idealstadt soll selbstverständlich einen geometrischen Grundriss haben und an klaren Achsen ausgerichtet sein. Jedes Gebäude bekommt seinen angemessenen Platz. Erstmals werden auch praktische Dinge wie der Verkehr und die Kanalisation bedacht. Allerdings werden kaum welche dieser Pläne verwirklicht.

! Städte vom Reißbrett

Palmanova bei Udine (1593), neunzackiger Stern
Hanau-Neustadt (1597), Schachbrettschema
Freudenstadt im Schwarzwald (1599), Mühlebrettschema
Amsterdam (1609–80), hufeisenförmiger Ring um die Altstadt

Domkuppel, Florenz (1420–36)

Zu Beginn des 15. Jhs. ist der Dom *S. Maria del Fiore* in Florenz bereits seit über 100 Jahren im Bau. Auch die Pfeiler, die eine Kuppel tragen sollen, die mit 40 Meter Durchmesser fast der des *Pantheons* entspricht, stehen schon. Doch wie man diese in 55 Meter Höhe bauen will, weiß niemand. Florenz droht zum Gespött der Nachbarstädte zu werden. Im Jahr 1418 wird deswegen ein Wettbewerb ausgeschrieben. Ein Teilnehmer schlägt allen Ernstes vor, die Kirche bis zur geplanten Kuppel mit Erde aufzufüllen. Wenn man darin Münzen verstecke, würde die Bevölkerung das Erdreich nach Vollendung des Baus auch garantiert schnell abtragen. Es gewinnt Filippo Brunelleschi, aber sein Plan ist technisch so kühn, dass er sich gewaltigen Anfeindungen und Befürchtungen ausgesetzt sieht. Brunelleschi plant eine frei tragende, doppel-

Domkuppel, Florenz

schalige Kuppel. Jede Mauerlage soll die Arbeitsfläche für den nächsten Ring darstellen. Die äußere, achteckige Schale hat einen steileren Radius als die ursprünglich angestrebte Halbkugel, weil so weniger Seitenschub auf die tragenden Wände entsteht. Um besonders leichte Ziegel zu bekommen, mischt Brunelleschi Stroh unter den Lehm. Die innere Kuppelschale ist flacher, stärker und wird durch ein System von Längs- und Querrippen getragen. Beide Schalen sind durch Grate miteinander verbunden. Zwischen ihnen verläuft eine Treppe zur 16 Meter hohen, von Fenstern durchbrochenen Laterne, die den Bau krönt. Die Domkuppel von Florenz ist eines der ersten Bauwerke, die das Erscheinungsbild der ganzen Stadt beherrschen. In den Umrissen ist sie gotisch, doch die Konstruktion erweist sich als bahnbrechend, weil Brunelleschi wissenschaftlich an die Aufgabe herangeht. Er studiert das *Pantheon*, berechnet die Konstruktion und fertigt ein Modell. Auch beim Bau überwacht er alle Einzelheiten höchstpersönlich.

? Schon gewusst?

Im Zweiten Weltkrieg haben sich im Labyrinth zwischen innerer und äußerer Kuppelschale einige hundert Flüchtlinge vor den Nazis verstecken können. Heute darf jeder Tourist dort zur Laterne aufsteigen – vorausgesetzt er bringt die Geduld für die lange Warteschlange mit.

S. Spirito, Florenz (1434–82)

Bei den Kunsttheoretikern der Renaissance ist der sakrale Zentralbau weit höher angesehen als das lateinische Kreuz als Kirchengrundriss. Als Brunelleschi mit *S. Lorenzo* (1421–40) und dem noch ausgewogeneren *S. Spirito* zwei Langhauskirchen baut, sehen das einige Zeitgenossen als

Schritt zurück. Tatsächlich aber gibt Brunelleschi den Stil für die großen Renaissancekirchen vor, denn überall dort, wo sich mehr Gläubige versammeln, kollidiert der gleichseitige Zentralbau sehr schnell mit den liturgischen Bedürfnissen.

S. Spirito präsentiert sich als sehr helle, offene Kirche, in der alle Elemente eine übersichtliche Grundgestalt haben. Der hallenartige Raum wirkt wohlproportioniert, statisch ausgewogen und in sich ruhend. Schmuck und Farben werden nur sehr zurückhaltend eingesetzt. Das Langhaus ist mit einer flachen Holzdecke gedeckt und hat lange Rundbogenfenster im Obergaden. Über der Vierung sitzt eine Kuppel. Das Seitenschiff zieht sich vom Langhaus um die Arme des Querhauses und den rechteckigen Chor. Die hohen Säulen mit weiten Arkadenbögen zum Zentralraum hin wirken kaum als Abtrennung. Die Wände werden durch 40 kleine, halbrunde Kapellennischen gebildet, die

? Schon gewusst?

1434 wird Brunelleschi von den Konsuln der Florentiner Maurerzunft ins Gefängnis geworfen, weil er nicht bei ihnen, sondern in der Zunft der Seidenweber immatrikuliert ist, und damit keinem Bau vorstehen darf.

S. Spirito, Florenz

durch einfache Pilaster voneinander getrennt sind. Als Grundmaß wählt Brunelleschi das Vierungsquadrat.

Sowohl das Lang- als auch das Querhaus sind zwei dieser Quadrate breit. Die Tiefe des Chors und der beiden Querarme beträgt ein Quadrat. Die Einheiten des Seitengangs entsprechen einem Viertel davon. Auch alle anderen Maße stehen im direkten Verhältnis zu diesem Grundmodul. Im Langschiff weisen alle Linien, vor allem mehrere durchgehende, stark betonte Gesimse nach vorne zum Altar.

Palazzo Medici, Florenz (1444–64)

Den Trend zum repräsentativen Stadtpalais in Florenz läutet der

Palazzo Medici ein, den Brunelleschi 1434 für **Cosimo d. Alten** (1389–1464) plant und den **Michelozzo di Bartolomeo** (1396–1472) zehn Jahre später baut. Mit einer fast schmucklosen Rustikafassade und drei in der Höhe überdimensionierten Stockwerken wirkt er schroff und mächtig. Während das Erdgeschoss aber ein wahres Bollwerk ist, wird die Gestaltung nach oben hin auf dezente Art leichter. Dies bewirken drei Tricks. Zum einen verlaufen die horizontalen Gesimse auf Höhe der Fensterbrüstungen, was den untersten Stock höher, den obersten niedriger erscheinen lässt. Dann nimmt die Rauigkeit der Fassadensteine mit jedem Stockwerk ab. Schließlich wird auch die Gestaltung der Zwillingsfenster durch den Verzicht auf die Ummauerung mit Bossensteinen nach oben hin leichter.

Das Erdgeschoss mit dem quadratischen, von Arkaden umgebenen Innenhof diente vor allem Geschäftszwecken. Ursprünglich waren hinter den inzwischen verschlossenen Rundbögen auch verschiedene Läden eingemietet. Im ersten Stock (**piano nobile**) befanden sich die Repräsentationsräume und die Hauskapelle, im zweiten die eigentlichen Wohnräume der Familie und eine lange Loggia, die rund um den Innenhof führte.

Hochrenaissance

Das neue Denken der Renaissance führt auch in der Kirche zu einem weltlicheren Bewusstsein. Während die gotischen Kathedralen zur Ehre Gottes (oder meist der vergötterten Maria) gebaut wurden, sollen nun Größe und Macht der Kirche und ihrer Repräsentanten zum Ausdruck kommen. Die Päpste des 16. Jhs. verfügen über große Reichtümer und ein erhebliches Bedürfnis nach Ruhm. Sie holen die besten Künstler nach Rom und machen dieses zum neuen Zentrum der Kunst und Architektur.

Grundzüge der Architektur

In der Hochrenaissance wird die ganze Gestaltung wuchtiger. Die strengen Ordnungen lösen sich allmählich auf. Fenster werden

Hof von S. Pietro, Montorio

? **Schon gewusst?**

In der Mailänder Kirche *S. Maria presso S. Satiro* (1488) täuschte Bramante zum ersten Mal durch perspektivische Ausmalung einen Chor vor, da ein realer Anbau nicht möglich war.

nicht mehr gleichmäßig gereiht, sondern zu Gruppen zusammengefasst. Die Dekoration der Fassade gerät immer plastischer und bewegter. Die Fenster sind umrahmt mit Sockeln, Säulen und Giebeln. Die Gesimse werden mit Friesen, Triglyphen und Medaillons geschmückt. Einerseits beginnen die ersten Architekten wie **Donato Bramante** (1444–1514) und **Michelangelo Buonarroti** (1475–1564) mit perspektivischen Täuschungen zu arbeiten. Andererseits ist man auch bemüht, die Antike noch gründlicher zu erfassen und Gebäude vom Kern her organisch zu entwickeln. Den Musterbau dafür erstellt Bramante mit dem *Tempietto* (1502) im Hof von *S. Pietro in Montorio*. Es handelt sich um einen kleinen, eleganten Rundtempel mit Kuppel und 4,5 Meter Durchmesser. Mit einem Kranz von ionischen Säulen und Architraven nähert er sich sehr stark den Tempeln der griechischen Antike an.

Päpste und Genies

Rom war während des Exils der Päpste in Avignon (1378–1439) gegenüber den oberitalienischen Städten bedeutungslos geworden. In der halb verfallenen alten *Petersbasilika* weideten angeblich Schafe. Der humanistisch gebildete **Nikolaus V.** (Tommaso Parentucelli, Reg. 1447–55) jedoch beginnt mit einem Wiederaufbauprogramm, das durch prachtvolle „scheinbar von Gottes Hand geschaffene“ Bauwerke auch den „Ungebildeten, deren Glauben auf schwachen Füßen steht“ die Autorität des Heiligen Stuhls demonstrieren soll. Als jedoch Bramante 1499 nach Rom kommt, ist der Wiederaufbau des *Petersdoms* noch nicht weit gediehen, aber das Skandalleben der Päpste hat mit **Alexander VI.** (Rodrigo Borgia, Reg. 1492–1503) seinen Höhepunkt erreicht. Bramante war vorher in Mailand beschäftigt – gleichzeitig mit **Leonardo da Vinci** (1452–1519). Man nimmt an, dass er durch Leonardo eine organischere Gesamtauffassung von Gebäuden bekam, aber seinerseits Leonardos Interesse an der Architektur weckte. 1503 wird **Julius II.** (Guilano della Rovere, Reg. bis 1513), ein geschickter Machtpolitiker, neuer Papst. Er beauftragt Bramante, einen Plan für den Neubau des *Petersdoms* zu entwerfen. 1505 ruft er auch **Michelangelo** nach

Rom. Der Schöpfer des *David* (Florenz, 1501–04) soll ihm – als Teil des *Petersdoms* – ein riesiges Mausoleum mit 40 Figuren schaffen. 1508 holt der Papst auch noch **Raffaelo Santi** (1483–1520) nach Rom.

? Schon gewusst?

Ausgerechnet das größte Renaissancegenie, Leonardo da Vinci, scheitert in Rom. Er kommt 1513 in der Hoffnung auf Aufträge, bleibt aber neben Raffael und Michelangelo unbeachtet. 1516 nimmt er deshalb eine Einladung des französischen Königs an. Auch Michelangelo ist eifersüchtig auf die große Popularität Raffaels und weist die Bewunderung des Jüngeren schroff zurück.

Das Jahrhundertprojekt

Der Neubau von *S. Pietro in Vaticano* stellt alle anderen Bauprojekte der Epoche in den Schatten und beschäftigt die Genies. Da es sich um eine Märtyrerstätte über dem Grab des Apostels handelt, schlägt Bramante einen Zentralbau vor. Über einem griechischen Kreuz soll eine große Kuppel thronen. In den Quadraten zwischen den Kreuzarmen plant Bramante vier kleinere Kuppeln. Die fast gleichberechtigten Räume mit einer Unzahl von Apsiden, Ausbuchtungen und Nischen werden nur durch extrem reduzierte, geschwungene Mauerstücke getrennt. Im Klerus gibt es jedoch starken Widerstand gegen den Zentralbau. Als Julius II. und Bramante innerhalb weniger Monate sterben, beauftragt **Leo X.** (Giovanni de Medici, Reg. 1513 bis 1521) Raffael. Dem ist Bramantes Entwurf zu karg. Außerdem bevorzugt er den Langbau. Er stirbt jedoch 1520. Der nächste Architekt, **Antonio Sangallo d. J.** (1484–1546) verwirft den Langbau als aus dem Geist der Gotik geboren und kehrt zum Zentralbau zurück. 1527 unterbricht der „Sacco di Roma", die Plünderung Roms durch die Söldnertruppen Karls V., alle Baumaßnahmen. In den Dreißigern nimmt Sangallo die Arbeit wieder auf, stirbt jedoch, bevor er viel mehr als ein teures Modell erstellt hat. Als letztes verbliebenes Genie

? Schon gewusst?

Die Baufinanzierung des *Petersdoms* wurde u. a. durch Ablassbriefe sichergestellt, die in Deutschland von dem Dominikanermönch Johannes Tetzel verkauft wurden – was Martin Luther 1517 zur Veröffentlichung seiner 95 Thesen veranlasste.

wird der 72-jährige Michelangelo verpflichtet. Der nennt Sangallos Entwurf „eine Ochsenweide" voller „dunkler Schlupfwinkel, geeignet Verbrechen zu begehen" und orientiert sich wieder an Bramante.

Renaissance in Frankreich

Gegen Ende des 15. Jhs. beginnen das französische Königshaus und der Kronadel italienische Architekten nach Frankreich zu holen. Vor allem **Franz I.** (1494–1547) und **Heinrich II.** (1519–59), der mit **Katharina Medici** (1519–1589) verheiratet ist, bauen an der Loire, ihrem bevorzugten Jagdgebiet, zahlreiche Schlösser. Dem gotischen *Chateau de Blois* lässt Franz I. 1515 einen italienischen Flügel mit Loggias und einem mächtigen, offenen Treppenturm hinzufügen. 1528 beginnt er in *Fontainebleau* ein kleines mittelalterliches Jagdschloss auszubauen, das zu einer der größten Schlossanlagen der Renaissance und erst im 17. Jh. vollendet wird. Die doppelläufige Freitreppe im *Cour Oval* (1540) stellt einen Vorläufer der großen Treppenhäuser des Barock dar. In Paris beginnt **Pierre Lescot** (1510–78) mit dem Neubau des *Louvre*, des königlichen Stadtpalastes, den ersten wirklichen Renaissancebau Frankreichs. Ins Bürgertum und die Städte findet der neue Stil kaum Eingang. In Frankreich bleibt die Gotik die Kunst des Bürgertums, während die Renaissance und später der Barock der Stil der Reichen sind. Der französische Adel entfernt sich auch kulturell immer weiter von der Masse des Volkes.

S. Andrea, Mantua (1472–1494)

Mit seinem letzten Werk gibt Leon Battista Alberti der Hochrenaissance entscheidende Impulse, obwohl 1494 nur die Fassade und der vordere Teil fertig gestellt sind und die weiteren Arbeiten erst 1597 wieder aufgenommen werden. In der Fassade der Vorhalle kombiniert Alberti sehr frei den Dreiecksgiebel griechischer Tempel mit einem dreistöckigen, römischen Triumphbogen, der sich

S. Andrea, Mantua

hoch über dem Haupteingang wölbt. Daneben tragen ebenfalls dreistöckige Pilaster einen Blendarchitrav. Diese stockwerkübergreifende **Kolossalordnung** wird von den Renaissancekünstlern begeistert aufgenommen und leitet die Monumentalität der Hochrenaissance ein. Außerdem spiegelt sie die inneren Strukturen wider. Der Triumphbogen markiert das kassettierte Tonnengewölbe über dem Langhaus, die Pilaster Mittelschiff- und Seitenwände.

Alberti behauptet, er habe sich bei der Planung von Vitruvs Beschreibung eines etruskischen Tempels inspirieren lassen. Tatsächlich ähnelt der Grundriss aber eher der römischen *Maxentiusbasilika* (306–312). Das Langhaus ist flankiert von einer Reihe rechteckiger Seitenkapellen, die mit Quertonnen überwölbt sind. Die Öffnung der Kapellen zum Hauptschiff wird von einem Bogen umrahmt, der rechts und links von Pilastern flankiert ist. Damit wird wieder das Motiv der Fassade aufgegriffen. Trotz dieser vertikalen Elemente gelingt es, mit horizontalen Linien wie in *S. Spirito* den Blick zum Altar zu lenken. Insgesamt wirkt *S. Andrea* aber viel wuchtiger und geschlossener und kommt dem Stil der römischen Kaiserzeit sehr nahe.

Die mit Pfeilern getrennten Kapellen anstelle der Seitenschiffe von *S. Andrea* bedeuten jedoch einen völlig neuen Kirchentypus (**Wandpfeilerkirche**), der gemeinsam mit den Jesuiten im Barock Karriere machen wird. Denn als **Giacomo da Vignola** (1507–73) im Auftrag von Kardinal **Alessandro Farnese** (1468 –1449, später Paul III.) mit *Il Gesù* 1568 in Rom die Mutterkirche des neu gegründeten Ordens baut, orientiert er sich stark an Albertis Meisterwerk.

? Schon gewusst?

Zeitgenossen erzählten, Kardinal Farnese besitze die drei schönsten Schöpfungen Roms: die *Kirche Il Gesù*, den *Palazzo Farnese* und seine Tochter Costanza.

Schloss Chambord (1519–47)

Chambord nimmt eine Sonderstellung im Schlossbau der Renaissance ein, weil sich Symmetrie und Fantastik hier auf originelle Art verbinden. Den Plan für das größte aller Loireschlösser entwirft vermutlich **Domenico da Cortona**, ein Schüler Leonardo da Vincis. Dieser kombiniert zwei Verteidigungsarchitekturen: das Kastell und den französischen **Donjon**, einen Wohnturm. Der Innenhof ist mit einem dreistöckigen Gebäude umgeben, das an

Schloss Chambord

den Ecken von Türmen flankiert wird. In eine der Langseiten ist der quadratische Hauptbau integriert, der ebenfalls einen Turm an jeder Ecke hat. Der Grundriss ist symmetrisch und auch das Äußere entspricht mit schlichten Fensterreihen und auffälligen, durchlaufenden Gesimsen den Idealen der Renaissance. In dem Zentralbau treffen in jedem Geschoss des Zentralbaus zwei riesige Säle kreuzförmig zusammen. Die mehrräumigen Suiten, die jeweils eine der vier Ecken (inkl. Turm) einnehmen, werden für 200 Jahre der Standard für adelige Wohnquartiere. Im Mittelpunkt des Gebäudes führt eine doppelläufige Wendeltreppe bis aufs Dach. Sie ist im Stil schon manieristisch und vermutlich von Leonardo da Vinci entworfen. Die Benutzer der beiden umeinander gewundenen Treppenschrauben können sich zwar manchmal durch ein schmales Fenster sehen, aber nicht aufeinander treffen. Ähnlich bizarr mutet die riesige Dachterrasse an, auf der 365 reich mit Renaissancedekor geschmückte Türmchen, Kamine und Dachgauben ein eher gotisch wirkendes Labyrinth erzeugen. Angeblich sind hier einige Dramen von **Molière** (1622–73) uraufgeführt worden.

Petersdom, Rom (1546–1612)

Als Michelangelo 1546 die Bauleitung des *Petersdoms* übernimmt, ist inzwischen klar geworden, dass Bramantes grazile Mauern die geplante Kuppel nie werden tragen können. Michelangelo verkleinert deshalb den Grundriss, zieht die tragenden Außenmauern näher an die Kuppel heran und verstärkt Mauern und Pfeiler gewaltig. Zudem streicht er viele

Nischen und Nebenräume. Aus einer komplizierten Folge offener Räume wird so eine massivere, klar gestufte Ordnung. Die riesigen Pilaster, die die Kuppel tragen, ziehen den Blick eindeutig nach oben – was in der diesseitsorientierten Renaissance bis dato eher verpönt war und schon auf den Barock verweist. Die Kuppel ist 132 Meter hoch, hat einen Durchmesser von 42 Metern und wird zum Vorbild für alle weiteren Kuppelbauten. Michelangelo hat dafür das *Pantheon* und den *Florentiner Dom* studiert. Vermutlich wollte er im Gegensatz zu Brunelleschi eine Halbkugel konstruieren. Doch er stirbt vor der Fertigstellung und seine Nachfolger **Giacomo della Porta** (um 1540–1602) und **Domenico Fontana** (1543–1607), der zwar als sehr konservativer Architekt, aber bester Ingenieur seiner Zeit gilt, bauen ebenfalls eine spitzere Form.

Das schlichte Äußere von Michelangelos Gebäude spielt durch, mal nach außen, mal nach innen gewölbte Wände geschickt mit Licht und Schatten – ein kompakter Berg aus weißem Travertin, der Petrus, den Felsen symbolisiert. Aus ihm erhebt sich imposant die Kuppel. Michelangelo wollte diesen Zentralbau eigentlich nur mit einer Loggia vor dem Hauptportal umgeben. Doch er stirbt und 1607 bekommt **Carlo Maderna** (o. Maderno, 1556–1629) den Auftrag, das Gebäude aus Platzgründen um ein neues – bereits barockes – Langhaus zu erweitern. Le Corbusier sagt 300 Jahre später, dieses Langhaus habe alles verdorben. Madernas Fassade sei an sich schön, würde aber die Kuppel, das wahre Ziel des Baus, verstecken.

? Schon gewusst?

Mit 211 Meter Länge war der *Petersdom* die größte Kirche der Welt, bis 1989 in der afrikanischen Elfenbeinküste die noch etwas größere Kopie *Notre Dame de la Paix* gebaut wurde.

Spätrenaissance

In der Spätrenaissance gerät das Weltbild des Humanismus ins Wanken. Die Ideen, die den Menschen aus einer ohnmächtig-erstarrten Haltung gegenüber Gott befreit haben, haben auch die moralischen Skrupel der weltlichen und kirchlichen Machthaber gelöst. Beide Instanzen beginnen zunehmend, das Streben ihrer Untergebenen nach Unabhängigkeit zu beschneiden. Vor allem die Kirche führt einen erbitterten Kampf gegen die neu entdeckten Naturwissenschaften, der 1600 in der Verbrennung von

Giordano Bruno gipfelt. In Spanien tobt die Inquisition, im Deutschen Reich die Hexenverfolgung.

Grundzüge der Architektur

Viele italienischen Künstler, allen voran Michelangelo, beginnen in der Spätrenaissance mit Elementen der Architektur zu experimentieren und überraschende Effekte zu erzeugen. Nach dem Kunstwort „Maniera", mit dem **Giorgio Vasari** (1511–74) Michelangelos individuellen Stil zu beschreiben versucht, wird diese Bewegung Manierismus genannt. Die große Ausnahme stellt **Andrea Palladio** (1508–80) dar, der die klassische Architektur rund um Vicenza und Venedig weiterentwickelt und dabei besonderen Wert auf eine axiale Ausrichtung, harmonische Proportionen und Funktionalität legt. Im übrigen Europa hält die Renaissance teils in klassischer, teils in manieristischer Form Einzug. Während sie in Frankreich und England eine Sache des Adels ist, entsteht in Deutschland und den nördlichen Ländern auch eine bürgerliche Architektur.

Der Manierismus

Der Manierismus ist erst seit einer Ausstellung im Jahr 1956 als eigener Kunststil anerkannt. Seine Vertreter stellen die klare, natürliche Ordnung, nach der die Renaissance gestrebt hat, wieder infrage. Sie suchen das Ausgefallene, Überraschende, Raffinierte. Das vielleicht typischste Werk ist das Vestibül der *Biblioteca Laurenziana*, das Michelangelo 1523 im Kreuzgang von *S. Lorenzo* in Florenz gestaltet. In einem quadratischen Raum, der mehr hoch als breit ist, fließt die Treppe in halbrunden, lappenförmigen Stufen auf den Eintretenden zu. Gesäumt wird sie von einem zu niedrigen Balustradengeländer. Einige Pilaster verjüngen sich nach unten. In Nischen, in denen man Skulpturen erwarten würde, stehen Säulenpaare, und es ist nicht klar, wer hier was stützt. Die Senkrechte wird derart betont, dass der Charakter eines Vorraumes völlig verloren geht. Auch Vasaris *Uffizien* in Florenz (1560) mit der fast sogartigen Wirkung des langen, engen Innenhofs, Vignolas fünfeckige *Villa Farnese* in Caprarola mit dem kreisrunden Atrium (1559) oder die überladen dekorierten Fassaden am *Heidelberger Schloss* (*Ottheinrichsbau* 1556–59, *Friedrichsbau* 1601–1607) werden dem Manierismus zugerechnet.

Palladianismus

Palladio gilt als der erste Berufsarchitekt und als einziger, nach dem ein eigener Stil benannt worden ist. Dieser ist eine konsequente Weiterentwicklung der Synthese zwischen humanistischem Geist und antiken Formen. Palladio baut vor allem Landhäuser für anspruchsvolle und gebildete Adelige, die die Bewirtschaftung ihrer Güter mit gesellschaftlichem Leben verbinden wollen. Im Zentrum steht meist ein erhöhter Mittelbau mit einem repräsentativen Eingang, der direkt in einen Festsaal führt. In den Flügeln sind hinter Loggien die Wirtschaftsgebäude verborgen. Zwischen Haus und Garten werden mit Loggien und Arkaden schattige Ruhezonen geschaffen. Sein originellstes Gebäude ist *La Rotonda* (1566 bis 1569) bei Vicenza, ein quadratischer Bau mit Mittelkuppel und völlig gleichförmigen Säulenportalen an allen vier Seiten. Als **Palladiomotiv** geht die Kombination aus Kolonnade (Säule mit Architrav) und Arkade (Säule mit Rundbogen) in die Kunstgeschichte ein. Der Waliser Architekt **Inigo Jones** (1573–1652), der ein glühender Bewunderer von Palladio ist, verbreitet den Stil in ganz Großbritannien und prägt damit das Erscheinungsbild des typischen britischen Landadelssitzes.

Renaissance in Deutschland

In Deutschland erweisen sich die offenen Hallenkirchen der Spätgotik auch im 16. Jh. noch als zeitgemäß. Deshalb werden nur langsam einzelne Elemente der Renaissance übernommen. Manches wirkt schlecht kopiert und aufgesetzt, anderes wird originell mit Bestehendem verbunden. Als erster echter Renaissancebau gilt die – von deutschen Baumeistern errichtete – *Fuggerkapelle* (1509 –18) in *St. Anna* in Augsburg. **Jakob Fugger d. Reiche** (1459 –1525) hat seine Jugend in Venedig verbracht. Unter seinem Einfluss wird Augsburg die Stadt mit den meisten klassischen Renaissancegebäuden in Deutschland.

? Schon gewusst?

Auch die *Fuggerei* (1519), die erste Sozialsiedlung der Welt mit eigener Kirche und Infrastruktur, ist ein typisches Renaissancebauwerk. Zwar wird man an den bescheidenen Häusern vergeblich den Dekor römischer Antike suchen, aber sie verkörpert die „gute", vernünftig geplante und geordnete Stadt im Sinne von Thomas Morus *Utopia* (1516).

Die meisten Renaissancebauten in Deutschland sind Rathäuser und die Schlossbauten humanistisch gebildeter Adeliger. Oft wird allerdings nur an- und umgebaut und verschwenderisch mit dem Dekor umgegangen. Als klassische, völlig regelmäßige Anlage mit typisch deutschen Rechteckfenstern und Gurtgesimsen sticht *Schloss Johannisburg* in Aschaffenburg (1605–14) hervor. Kirchenbauten sind rar. Die Ausbreitung des Humanismus geht in Deutschland mit wachsendem Ärger am Treiben der Renaissancepäpste und schließlich der Reformation einher. Die aber lehnt jeden Mittler zwischen Gott und den Menschen ab, auch die Kunst – vor allem in Form künstlicher Heiliger –, was schließlich zum Bildersturm führt. Erst in der Zeit der Gegenreformation (ab 1555) entstehen einige bedeutende Sakralbauten wie das *Jesuitenkolleg* in München mit der *St. Michaelskirche* (1582–97), die das Vorbild *Il Gesù* mit bayerischen Elementen kombiniert. Im Norddeutschland entsteht mit der Weserrenaissance ein eigener Stil, der sich durch horizontale Bossensteinbänder und eine dynamische, reich gegliederte Ornamentik auszeichnet. Die bedeutendsten Bauten sind *Schloss Hämelschenburg* (1588–1610), die Fassade des *Bremer Rathauses* (1609–12) und das *Hochzeitshaus* in Hameln (1610–17). Der Ausbruch des Dreißigjährigen Krieges 1618 bricht jedoch alle Entwicklungen ab.

Kapitolsplatz, Rom (1538–1650)

1538 erhält Michelangelo den Auftrag, den Platz des römischen Kapitols neu zu gestalten. Im Mittelpunkt soll ein Reiterdenkmal stehen, das man für Konstantin hält, das aber Marc Aurel darstellt. Der Platz ist ein unförmiger Schutthaufen, auf dem aber bereits zwei Gebäude in einem Winkel von 80 Grad zueinander stehen, was die Aufgabe schwierig macht. Michelangelo greift zum Stilmittel des Manierismus. Er verzichtet auf eine abgrenzende, geschlossene Bebauung. Vor das Hauptportal des mittelalterlichen *Senatorenpalastes* setzt er eine zweiarmige Freitreppe. Dazu führt er von der Stadt eine Rampe mit ganz flachen Stufen auf den Hügel, die in einer Linie mit dem Portal und dem Turm des Palastes endet. Dem lang gestreckten Gebäude zur Rechten setzt er ein entsprechendes zur Linken gegenüber und gibt allen drei Palästen einheitliche Fassaden in Kolossalordnung. Die beiden Seitenpaläste, in denen heute das *Kapitolinische Museum* untergebracht ist, öffnen sich leicht zum *Senatorenpalast* hin. Ihre Fluchtlinien allerdings münden in offene Ecken. Damit stehen die mächtigen Gebäude trotz aller Symmetrie für sich. Den Platz zwischen den Palästen füllt Michelangelo durch ein leicht gewölbtes Oval aus dunklen Pflastersteinen, in dem helle Streifen ein verwirrendes Sternmuster bilden. Im Zentrum des Sterns steht erhöht, aber auch isoliert die Statue Marc Aurels. Mit dem Kapitolsplatz hat Michelangelo ein geschlossenes Ensemble geschaffen, das zwar fertig, aber immer wieder verblüffend wirkt.

Escorial, Spanien (1563–89)

Die nüchterne, streng durchkomponierte Anlage des *Escorials* wurzelt zwar in der Architektur der Renaissance, doch die Idee hinter dem Bauwerk verweist schon auf den Absolutismus des Barock. Aufgrund eines Gelübdes lässt **Philipp II.** von Spanien (1527–98) in einer einsamen Berggegend 30 Kilometer entfernt von Madrid 1557 einen riesigen Gebäudekomplex aus grauem Granit errichten, der zugleich Kloster und Wohnpalast ist und auch als sein eigenes Mausoleum dienen soll. Da er glaubt, dass der hl. Laurentius ihm bei St. Quentin einen Sieg über die Franzosen geschenkt hat, soll das Bauwerk die Grundform eines Rostes haben, auf dem der populäre Heilige angeblich hingerichtet worden ist. **Juan de Herrera** (1530–97) entwickelt die geschlossene Anlage mit turmartig betonten Ecken und 17 Höfen von der Kirche her. Diese ist als Zentralbau mit großer Kuppel und Vorhalle vom *Petersdom* inspiriert. Der Palast des Königs schließt sich direkt an. Von seinem Bett kann Philipp auf den Altar blicken. Auf Schmuck wird völlig verzichtet. Die rechteckigen Fenster ziehen sich auf der über 200 Meter langen Fassade monoton und schier endlos dahin.

Escorial

Rathaus, Augsburg (1615–23)

Das von **Elias Holl** (1573–1646) entworfene *Augsburger Rathaus* ist einer der wenigen deutschen Renaissancebauten, der Stilreinheit mit einer individuellen Handschrift vereinigt. Die Fassade mit dem betonten, hohen Mittelteil gibt die Einteilung im Inneren wieder. Im Erdgeschoss läuft eine dreischiffige Halle von der Vorder- bis zur Rückfront durch, darüber liegt der „Goldene Saal". In den Flügeln sind kleinere Ratsstuben untergebracht. Die Türme mit den schwäbischen Zwiebelhauben, die den Mittelgiebel flankieren, sitzen in der Mitte der Längsseiten direkt über den beiden Treppenhäusern. Holl sagt, er habe die Türme, die keinerlei italienische Vorbilder haben, wegen des „heroischen Aussehens" eingefügt. Da sie zurückgesetzt sind, dominieren sie den mit Voluten geschmückten Mittelgiebel jedoch nicht. Auch der Dekor ist sehr zurückhaltend eingesetzt. Die rechteckigen Fenster haben schlichte, in jedem Geschoss leicht variierte Giebel, die Gebäudekanten sind mit grauen Bossensteinen eingefasst. Mit den beiden Türmen und dem erhöhten Mittelschiff tritt das Rathaus in Wettbewerb zu den benachbarten Sakralbauten, ohne selbst wie eine Kirche auszusehen.

! Elias Holl

Der Stadtwerkmeister von Augsburg lernt bei einem Besuch in Venedig die Gebäude Palladios kennen, an dessen klassisch ausgewogenem Baustil er sich orientiert. Neben dem Rathaus baut er mehrere Zunfthäuser, das *Zeughaus* und das Gymnasium *St. Anna*.

Barock und Rokoko

Der Barock entwickelt sich gegen Ende des 16. Jhs. in Rom aus dem Manierismus und verbreitet sich rasch in Europa und Lateinamerika. Anfang des 18. Jhs. bildet sich vor allem in Frankreich und den katholischen Regionen des Deutschen Reichs die anmutige, verspielte Variante des Rokoko heraus. Um 1770 wird der Barock vom Klassizismus abgelöst. Der Name der Epoche wird im späten 18. Jh. von Kritikern aufgebracht. Nach dem portugiesischen Wort „barruca“ für unregelmäßige Perlen, umschreibt das französische „baroque“ alles Wunderliche, Extravagante.

Wieskirche

Barock

Die Zeit des Barock ist von der Gegenreformation und dem Absolutismus geprägt. Als Reaktion auf die Glaubensspaltung leitet die katholische Kirche nach dem Ende des Dreißigjährigen Krieges ab 1655 eine innere Erneuerung ein, die die Gläubigen zurückgewinnen soll. Dies gelingt vor allem in Italien, Spanien und den südlichen Teilen des Deutschen Reichs. Künstlerisches Ausdrucksmittel ist der Barockstil, der nicht mehr an die Vernunft, sondern an die Sinne appelliert. Die religiösen und gesellschaftlichen Gegensätze werden mit verschwenderischem Pathos zugedeckt. Der französische König **Ludwig XIV.** (1638 –1715) benutzt ihn für ein gewaltiges, zentral gesteuertes Kunstprogramm, das allein der Verherrlichung seiner Person dient und vor allem in den deutschen Kleinstaaten begeistert kopiert wird.

Grundzüge der Architektur

Während der Manierismus die klassischen Ordnungen infrage stellte, bringt der Barock Bewegung hinein. Wände werden gekrümmt, Giebel geschwungen, Säulen spiralförmig gedreht. Bei den Fassaden wird die Mitte betont. Eingangsportale sollen einen Sog nach innen entwickeln. Kuppeln stellen nicht länger ein ruhendes Himmelszelt dar, sondern sollen den Blick nach oben ins scheinbar Unendliche ziehen. Die einzelnen Bauelemente verschmelzen miteinander. Man liebt den Wechsel zwischen konkaven und konvexen Formen, komplizierte Strukturen und Überschneidungen, um Spannung und Dynamik zu entwickeln. Der Betrachter soll das Gebäude wie ein inszeniertes Schauspiel erleben. Dabei spielen Treppen, Brunnen und Wasserkaskaden eine große Rolle. Auch der starke Wechsel zwischen dunklen und hellen Raumteilen dient der Dramatisierung. Anstelle des in sich ruhenden Kreises tritt das schwingende Oval. Säulen werden durch **Atlanten** (tragende Männerfiguren) oder Karyatiden ersetzt, Pilaster durch **Hermenpilaster** (mit menschlichem Oberkörper). Als Schmuck dienen Girlanden, textilartige Draperien um die Fenster, Voluten, Vasen, Putten, Ochsenaugen (runde oder ovale Fenster) und geschwungene Wappenkartuschen. Die Ausstattung ist aber nie willkürlich, sondern immer streng durchkomponiert. Nahezu

! Kleine Chronologie

1570–1620 Frühbarock
1620–1710 Hochbarock
1710–1770 Spätbarock
1720–1770 Rokoko

Tiepolofresken in der Würzburger Residenz

allen Gebäuden liegt eine absolute Symmetrie zugrunde. Der Barockstil ist monumental und soll überwältigen. Er kultiviert das Pathos und die Allegorie. Die Grenzen zwischen Architektur, Malerei und Skulptur verwischen. Gemalte Deckenfiguren haben Beine aus Gips, die in den Raum ragen (z. B. Tiepolofresken, *Würzburger Residenz*), flache Decken werden mit Kuppeln bemalt (z. B. *S. Ignacio*, Rom), Wände mit Seitenkapellen (z. B. *Klosterkirche Weingarten*). Auch das Material ist oft nicht, was es scheint. Gips wird vergoldet, Holz und Stuck marmoriert. Die Erscheinung ist alles.

Die Revolution von Rom

In der Jesuitenkirche *Il Gesù* zeigen sich die ersten Elemente des Barock. Das Gesims an der Wand ragt so weit in den Raum hinein, dass es die Fenster im Obergaden verdeckt. Während sie das Gewölbe indirekt erhellen, bleiben die Arkaden darunter schattig. Ein Deckengemälde von 1683, das einen geöffneten Himmel darstellt, steigert den Effekt. Auch Michelangelo setzt bei der Kuppel des *Petersdoms* bereits auf eine dynamische Raumwirkung nach oben. Die Effekte kommen im römischen Klerus gut an. Stellen sie doch ihrer Meinung nach die Möglichkeit dar, Glaubensinhalte sinnenhaft zu erleben, anstatt sie

Baldachin unter der Kuppel des Petersdoms

rational zu hinterfragen. 1654 gestaltet **Gian Lorenzo Bernini** (1598–1680) den *Petersplatz* nach diesem Prinzip. „Denn da die Kirche von St. Peter die Mutter fast aller anderen Kirchen ist, musste sie Kolonnaden haben, damit es aussähe, als breite sie die Arme aus, um die Katholiken mütterlich zu empfangen und sie in ihrem Glauben zu bestärken, um die Häretiker wieder mit der Kirche zu vereinen und die Ungläubigen im wahren Glauben zu erleuchten", erklärt er sein Werk. Bernini wird der Hauptarchitekt des vatikanischen Barock. Von ihm stammen der majestätische Baldachin unter der Kuppel des *Petersdoms* mit den gewaltigen, gedrehten Säulen

(1624–33), die Umhüllung der *Cathedra Petri* in der Apsis (1657–66) und die Jesuitenkirche *S. Andrea al Qurinale* (1658–80), deren Grundriss ein quer liegendes Oval darstellt.

Das Ende der klassischen Aufteilung von Kirchen in Lang- und Zentralbau hat aber ein anderer eingeleitet: **Francesco Borromini** (1599–1667), der seine Laufbahn als Steinmetz und Assistent Berninis im *Petersdom* begonnen hat. Seine Kirche *S. Carlo alle Quattro Fontane* (1638–41) hat eine ovale Kuppel und einen Grundriss, der am ehesten einer Zitrone oder einem Karpfen ähnelt. Die Universitätskirche *S. Ivo della Sapienza* (1642) gleicht dagegen einer Blume. Die Mauerrippen zwischen den sechs Blütenblättern setzen sich bis in die Kuppel fort und schaffen so bei aller Extravaganz einen Raum von großer innerer Einheit. Borromini sieht den Raum als Element, das plastisch geformt werden muss. Diesen Gedanken entwickelt der Theatinermönch **Guarino Guarini** (1624–83) weiter, der vor allem die deutschen und österreichischen Baumeister beeinflussen wird. Sein Meisterwerk ist die Kuppel der *Cappella della S. Sindone* (Kapelle des Heiligen Grabtuches, 1667–94) in Turin. Sie ist aus 64 flachen, übereinander gestaffelten Bögen aufgebaut, zwischen denen Licht in das Innere der Kapelle dringt.

Vier-Ströme-Brunnen, Rom

? Schon gewusst?

Der sensible Sonderling Borromini und der selbstbewusste, wohlhabende Bernini standen in leidenschaftlicher Konkurrenz zueinander. Auf der *Piazza Navona* in Rom sind sie beide vertreten. Borromini mit der Kirche *S. Agnese*, Bernini mit dem *Vier-Ströme-Brunnen*. Berninis Allegorie des Nils verhüllt dabei ihr Haupt. Weil seine Quellen damals noch nicht bekannt gewesen seien, lautet die offizielle Erklärung. Damit er Borrominis Fassade nicht sehen muss, behauptet der Klatsch – übersieht dabei allerdings, dass der Brunnen schon 1651 fertig war, während Borromini erst 1653 mit der Kirche begann.

Der Stil des Absolutismus

Zu Beginn des 17. Jhs. herrscht in fast allen europäischen Staaten der Absolutismus, der den Regenten außerhalb der Gesetze stellt. Doch zum Kult macht ihn erst Ludwig XIV. von Frankreich. Der „Sonnenkönig“ führt in allen Belangen einen staatlich dirigierten Zentralismus ein. Die 1666 gegründete Akademie für Architektur soll vor allem verbindliche Regeln für einen einheitlichen Baustil verbreiten. Erste Aufgabe des Bauwesens ist die Errichtung königlicher Schlösser, dann folgen die Verteidigung und die Stadtplanung.

Während die Barockpäpste in Rom die Plätze rund um bedeutende Kirchen gestalten und mit Prachtstraßen verbinden, legen die französischen Könige dreispurige Boulevards an, die auf ihre Paläste zulaufen, und bestücken diese mit neuen künstlichen Plätzen (z. B. *Place des Victoires,* 1687; *Place Vendôme,* 1708), in deren Zentrum ein Standbild des Königs steht. Rundherum werden gleichförmige Wohnbauten errichtet. Teilweise erstellt man nur Fassaden und verkauft die dahinter liegenden Grundstücke später. Die Zentrierung des Staates auf die Person des Königs führt dazu, dass alle Adeligen mit Ambitionen in Paris ihren Stadtpalast (**Hôtel**) in Paris brauchen.

In Frankreich setzt sich allerdings der extrovertierte italienische Barock nicht durch. Als Bernini 1665 einen Entwurf für die Erweiterung des *Louvre* mit geschwungener Fassade vorlegt, fällt er durch. Stattdessen errichtet **Claude Perrault** (1613–88) zwei Jahre später eine geradlinige Fassade, deren Eckpavillons mit leichten Vorsprüngen (**Risaliten**) betont sind. Auf einem Rustikasockel tragen frei stehende Säulenpaare vor der eigentlichen Außenmauer einen klassischen Architrav. Die französische Schlossarchitektur geht auf den Renaissancearchitekten **Philibert**

? Schon gewusst?

Als ersten europäischen Kunststil bringen die Jesuiten den Barock mit ihren Missionsbauten in die spanischen und portugiesischen Kolonien. Besonders der Churriguerrismus, benannt nach dem spanischen Architekten **José Churriguera** (1650–1723), wird außerordentlich beliebt. Er kombiniert meist konservative Kirchenbauten mit einem bizarren, überwuchernden Dekor. Zu den wichtigsten Zentren gehören Mexiko, Guatemala und Peru. In Brasilien entsteht mit *S. Salvador de Bahia* eine komplette Barockstadt.

de l'Orme (1500/15–70) zurück, der einen u-förmigen Grundriss entwickelte. In der Mitte befindet sich mit dem **Corps de Logis** der repräsentative Hauptteil, während die Flügel einen Ehrenhof einfassen. An der Rückfront gewinnt die Gartenanlage immer mehr Bedeutung. Die französischen Gartenarchitekten, allen voran **André le Nôtre** (1613–1700), entwickeln aus den geometrischen Beeten der kleinen italienischen Renaissancegärten weitläufige Anlagen mit allegorischem Brunnen- und Skulpturprogramm.

Barock im Deutschen Reich

In den katholischen Teilen des Deutschen Reichs entsteht eine sakrale Barockarchitektur, die die effektvolle Raumgestaltung der römischen Kirchen noch steigert. Nach dem Dreißigjährigen Krieg ist es zunächst die „Vorarlberger Schule", die in ihren Wallfahrts- und Klosterkirchen italienischen Barock und volkstümliche Elemente vereinigt. Grundform ist meist eine Wandpfeilerkirche, in die eine Empore eingezogen wird, um die horizontale Wirkung zu steigern (z. B. *Kloster Weingarten*, 1716–22). Die Grenzen zwischen Malerei, Plastik und Architektur verwischen besonders dramatisch bei **Cosmas Damian** (1686 bis 1739) und **Egid Quirin Asam** (1692–1750). Die Brüder werden vom Abt des Klosters Tegernsee, der ihre Begabung erkennt, zur Ausbildung nach Rom geschickt. Eines ihrer Hauptwerke ist die *Klosterkirche in Weltenburg* (1716–32). Cosmas Damian als Baumeister und Egid Quirin als Stuckateur machen aus dem Kirchenraum eine barocke Festbühne, über deren Hochaltar sich ein fast nur silhouettenhaft wahrnehmbarer St. Georg (mit Pferd, Drachen und Jungfrau) vor einem gleißend hellen Hintergrund abzeichnet.

In großen Teilen Österreichs etabliert sich der Barock erst, nachdem der Krieg gegen die Türken (1663–99) beendet ist. Hofbaumeister **Johann Bernhard Fischer von Erlach** wurde in Rom ausgebildet, vermutlich durch Bernini, aber übertrifft seinen Lehrmeister mit einer weiteren Dynamisierung des Raumes. Vor allem seine längsovale *Dreifaltigkeitskirche* in Salzburg (1694 bis 1702) mit ihrer konkav nach außen greifenden Fassade entwi-

? Schon gewusst?

Im Kuppelfresko von *Weltenburg* hat Egid Quirin Asam in einer gemalten Engelsfigur sich selbst verewigt, während ein plastisches Bild seines Bruders von der Brüstung am Kuppeldurchbruch herablächelt.

Kirchenkunst des Barock und Rokoko

Theatinerkirche, München (1663–75, Agostino Barelli)
St. Nikolaus, Prag-Kleinseite (1673–1751, Christoph und Kilian Ignaz Dientzenhofer)
Dreifaltigkeitskirche, Kappel/ Waldsassen (1685–89, Georg Dientzenhofer)
Stift Melk (1702–46, Jakob Prandtauer)
Stift Göttweig (1719–83, Johann Lucas von Hildebrandt)
„Asamkirche" St. Johann Nepomuk, München (1733, Brüder Asam)
Klosterkirche Zwiefalten (1749–65, Johann Michael Fischer)
Abtei Ottobeuren (1748–54, Johann Michael Fischer)

ckelt einen regelrechten Sog in Richtung Altar. Bei seiner *Karlskirche* in Wien (1717–31) knüpfen zwei dünne Türme, mit ihren Reliefbändern der Trajanssäule nachempfunden, einerseits an die römische Kaiserzeit an und ähneln andererseits den Minaretten der gerade besiegten Türken.

Auch die deutschen Fürsten suchen nach immer neuen Ideen, den eigenen – meist nicht so großen – Glanz zu feiern. So baut **Karl-Wilhelm von Baden-Durlach** (1679–1738) mit *Karlsruhe* eine ganze Stadt fächerförmig auf sein Schloss hin (1715) und **Karl von Hessen** (1654–1730) lässt rund um *Schloss Wilhelmshöhe* bei Kassel eine der bedeutendsten Gartenanlagen anlegen (1701–1717), in deren Mittelpunkt Wasserkaskaden von einem achteckigen Riesenschloss über zwölf Meter breite Treppenstufen effektvoll in die Tiefe stürzen.

Königsschloss, Versailles (1661–1720)

Ab 1631 lässt Ludwig XIV. rund um ein kleines Wasserschloss bei der Ortschaft Versailles eine unwirtliche Sumpflandschaft trockenlegen und mit immensem Aufwand terrassieren, um dort eine neue Residenz zu errichten, die seiner würdig ist. Als er 1661 von seinem Finanzminister Nicolas Fouquet zur Einweihung dessen neues, prächtiges *Château de Vaux-le-Vicomte* vorgeführt bekommt, lässt er den Minister kurzerhand in den Kerker werfen und übernimmt dessen Künstlerriege: den Baumeister **Louis Le Vau** (1612–70), den Maler **Charles Le Brun** (1619–90) und den Landschaftsarchitekten André Le Nôtre.

Das Schloss von Versailles, das Le Vau und ab 1675 **Jules Hardouin-Mansart** (1646–1708) errichten, beeindruckt trotz seiner gewaltigen Größe (Tiefe: 407 Meter) durch harmonische Proportionen und ein dezent ge-

Schloss Versailles

schmücktes, eher strenges Äußeres. Es ist u-förmig um einen vierfach gestaffelten Ehrenhof gebaut. Genau im Zentrum und streng nach Osten ausgerichtet liegt der Grand Salon des alten Schlosses, der zum Schlafzimmer des Königs wird, in dem sich ein großer Teil des Hofzeremoniells abspielt. Die Gartenfassade, die Hardouin-Mansart mit zwei leicht zurückgesetzten Längsflügeln für die 3000 Dienstboten erweitert, ist 576 Meter lang und hat nichts Bewegtes mehr, sondern strahlt starre Pracht aus. Auch die prunkvolle Innenausstattung stellt alles bis dato Gewesene in den Schatten. Höhepunkt ist der *Spiegelsaal*, den Hardouin-Mansart als lange im Mittelbau der Gartenfront konzipiert hat. Die einander gegenüber hängenden Spiegel scheinen den Raum ins Unendliche zu verlängern – ein Effekt der oft und gern kopiert wird.

Spiegelsaal im Schloss Versailles

In den Schlossbau wird auch die ganze Umgebung miteinbezogen. 1667 beginnt Le Nôtre mit dem Garten. Die Bassins, Fontänen und Skulpturen sind alle Teile eines allegorischen Programms, das den König verherrlicht, vor allem das 82 mal 116 Meter große *Apollobassin*, in dessen Mitte der Sonnengott einen von Rössern und Meeresgöttern gezogenen Wagen lenkt. Auf dem 1560 Meter langen *Canal Grande* entlang der Hauptachse hat Ludwig eine Gondelflotte liegen, die ihm die Republik Venedig geschenkt hat. Die ganze Anlage ist so groß, dass sich die sternförmig ausstrahlenden Wege am Horizont in der Landschaft verlieren. Damit wird scheinbar von der ganzen Umgebung Besitz ergriffen. Auch die Stadt Versailles lässt Ludwig ab 1671 an drei großen Achsen auf das Schloss ausrichten.

? Schon gewusst?

Ludwigs Geliebte, Madame de Maintenon, meinte: „Für ihn kommen nur Grandeur, Großartigkeit und Symmetrie infrage; es ist unendlich lohnend, den Zug zu ertragen, der unter den Türen durchkommt, wenn man es nur einrichten kann, dass sie alle gegenüber liegen."

Sowohl das Schloss als auch Garten haben Anlagen in ganz Europa inspiriert: Von *Schloss Schönbrunn* in Wien (1694–1749, Johann Bernhard Fischer von Erlach) über das *Berliner Stadtschloss* (1698–1716, Andreas Schlüter) bis zum *Winterpalais* in St. Petersburg (1754–1817, Bartolomeo Franceso Graf Rastelli).

! Jules Hardouin-Mansart

Der Louvrearchitekt gilt innerhalb des Barock als Verfechter des **Classicisme**, einer Richtung, die sich weiterhin an der Harmonie der Antike orientiert. Mit dem *Invalidendom St. Louis* (1676–1706) in Paris entwarf er auch den bedeutendsten Sakralbau des Französischen Barock. Jules Großonkel **François Mansart** (1598–1666) gilt als Erfinder der Mansardendächer.

St. Paul's Cathedral, London (1675–1710)

Mit ihrem Spitzgiebel vor der Kuppel und der säulenbestandenen Fassade repräsentiert die Londoner *St. Paul's Cathedral* eine speziell britische Variante des Barock, die noch stark an Palladios Renaissancebauten erinnert und andererseits schon viel vom Klassizismus vorwegnimmt. *St. Paul's* beeinflusst in den folgenden

Schloss Schönbrunn, Wien

100 Jahren die weitere Entwicklung der Architektur in England und den amerikanischen Kolonien (z. B. Kuppel des *Kapitols* in Washington). Ihr Architekt **Christopher Wren** (1632–1723), ist eigentlich ein angesehener Naturwissenschaftler, der die Schriften Palladios und Albertis studiert, aber 1665 auch nach Paris reist, wo er Bernini und Mansart kennen lernt. Als 1666 nahezu die ganze Innenstadt von London einem verheerenden Brand zum Opfer fällt, legte Wren **Charles II.** (1600–49) binnen sechs Tagen einen Plan vor, wie die Stadt nach einem Barocksystem mit freien Plätzen und großzügigen Boulevards wieder aufgebaut werden könne. Die Eigentumsverhältnisse verhindern jedoch die Ausführung, Wren bekommt aber den Auftrag, über 50 Kirchen wieder aufzubauen. Für England, wo die meisten Sakralbauten noch aus der Gotik stammen, stellt sein klassizistischer Barock eine dramatische Neuerung dar. St. Paul's will er mit einer gewaltigen Kuppel zum optischen Wahrzeichen der Stadt machen. Seinen ursprünglichen Plan für den Grundriss in Form eines griechischen Kreuzes mit konkav ausgeschnittenen Ecken lehnt der Klerus jedoch ab und besteht auf einem Langbau. Wrens 111,5 Meter hohe Kuppel sitzt nun mitten im Langhaus der dreischiffigen Kathedrale und nimmt mit 38 Meter Durchmesser dessen ganze Breite ein. Im Gegensatz zur Petersdomkuppel ist sie in drei Schichten aufgebaut. Um im Inneren keinen Tunneleffekt nach oben zu erzeugen, ist die unterste Schale nur 68 Meter hoch. Die zweite läuft konisch zu und trägt die Laterne. Damit bekommt Wren die Freiheit, die äußerste Schale aus leichtem Holz ohne starkes Strebewerk zu konstruieren. Sie ist fast halbrund und wirkt deshalb ruhiger und noch majestätischer als die des *Petersdoms.*

! Christopher Wren

Die 51 Londoner Kirchen, die Wren vor *St. Paul's* plante, zeichnen sich durch erstaunlich variable Grundrisse und vor allem sehr unterschiedliche Türme aus, die sie im Stadtbild gut unterscheidbar machen. Wren selber fand vor allem *St. James* in Picadilly (1684) ideal, einen schlichten, rechteckigen Bau mit hölzernem Tonnengewölbe und Galerien auf beiden Seiten.

Schloss Belvedere, Wien (1714–1724)

Die Schlossanlage Belvedere war der raffinierte und elegante Sommersitz des kaiserlichen Feldmarschalls, Prinz **Eugen von Savoy-**

Oberes Belvedere, Wien

en (1663–1736). Sein Baumeister **Johann Lucas von Hildebrandt** (1668–1721), der bis dato völlig im Schatten der österreichischen Hofbaumeisterfamilie Fischer von Erlach gestanden hatte, wurde mit diesem Projekt mit einem Schlag berühmt und 1723 selbst Hofbaumeister. Die Anlage besteht aus einem großen Repräsentationspalast, dem *Oberen Belvedere* und dem kleineren *Unteren Belvedere*, das als privater Rückzugsraum gedacht war. Dazwischen erstreckt sich eine riesige, abfallende Gartenanlage. Um allen Besuchern des Prinzen die Gelegenheit zu geben, die lang gestreckte Prunkfassade des *Oberen Belvederes* auch ausreichend zu bewundern, baut Hildebrandt ein riesiges Wasserbassin davor, aus dessen Fluten sich der mit orientalischen Dächern geschmückte Bau wie ein Feenschloss zu erheben scheint – und das die Gäste umständlich umrunden müssen. Von der Torhalle führt der Weg weiter in ein elegantes, großes Treppenhaus, in dessen Mitte eine Treppe nach unten in den Gartensaal führt. Da der lang gestreckte Bau eine sehr geringe Tiefe hat, eröffnet ein hoher Torbogen über der Mitteltreppe bereits den Blick über den Garten zum *Unteren Belvedere* und auf die Stadt Wien. Torbogen und Gartenblick werden eingerahmt von zwei Treppen, die nach oben zum Festsaal führen. Darüber spannt sich ein baldachinarti-

? Schon gewusst?

Der französische Staatstheoretiker **Charles de Montesquieu** (1689–1755) meinte mit Blick auf das Belvedere, es wäre ein schönes Gefühl, in einem Land zu sein, in dem die Untertanen besser wohnten als ihr Herr.

ges, von Hermenpilastern getragenes Deckenfresko das scheinbar Alexander d. Gr., aber in Wahrheit natürlich den Prinzen feiert.

Frauenkirche, Dresden (1726–43)

Beim Bau der bedeutendsten protestantischen Barockkirche kombiniert **Georg Bähr** (1666–1738) die niederländische Emporenkirche mit einem Zentralbau. In einem quadratischen Baukörper legt er einen kreisrunden Innenraum mit einer Altarapsis an, in der er Hochaltar, Kanzel und Orgel übereinander schichtet. Dank dreier Emporen, die sich rund um den Raum ziehen, schafft Bähr einerseits Platz für 2000 Leute, bewahrt aber dennoch eine fast intime, gemeinschaftliche Atmosphäre. Außen schmücken den Bau an jeder Ecke diagonal vorstehenden Risalite, die in kleinen Türmen enden. In ihnen sind die Aufgänge zu den Emporen verborgen. Den Tambour der Kuppel zieht Bähr zwischen diesen Türmen wie einen Schutzmantel oder den Rand einer Glocke nach außen, eine Form, die sich sonst nirgends wieder findet. Im Tambour ist eine flachere, innere Kuppel verborgen, die von acht Pfeilern auf hohen Bögen getragen wird. Durch ein kreisrundes Loch in ihrer Mitte kann man in die 95 Meter hohe Hauptkuppel sehen und von dort in die Laterne.

? Schon gewusst?

Im Siebenjährigen Krieg ließ Friedrich d. Gr. die Frauenkirche beschießen. Als die Kugeln ohne Wirkung blieben, meinte er: „Lasst den ollen Dickkopp stehen." 1945 geriet die Kirche dann während eines Bombenangriffs in Brand und stürzte einige Tage später beim Auskühlen zusammen. Der Wiederaufbau ist bis 2006 geplant. In der neu gestalteten Unterkirche finden bereits Gottesdienste und Konzerte statt.

Rokoko

Nach dem Tod Ludwigs XIV. bricht das pompöse Hofzeremoniell in Frankreich zusammen. Der schüchterne **Ludwig XV.** (1710–74) überlässt die Regierung weitgehend seinen Ministern und Mätressen. Ungeachtet der hohen Staatsschulden pflegen Hof und Adel ein unbeschwertes Luxusleben, das aber nicht mehr auf Repräsentation setzt, sondern möglichst fern aller Unannehmlichkeiten in intimen, kleinen Lustschlösschen stattfindet. Das Wort Rokoko bringen die Klassizisten auf, denen der Stil übertrieben und frivol erscheint. Es ist von der **Rocaille** abgeleitet, einem muschelförmigen, unregelmäßig geschwungenen Bogen mit eingedrehten Enden, einem der beliebtesten Dekors des Rokoko.

Grundzüge der Architektur

Der Rokokostil zeigt sich in einer allmählichen Veränderung des Barock hin zum Zierlichen, Kleinteiligen, weniger Pathetischen. Die Farben werden heller, die Dekors eleganter und beschwingter, die Wandformationen noch weiter aufgelöst. Gleichförmige Gebäude werden durch Anbauten aufgelockert (z. B. *Schloss Nymphenburg*, München 1715). An die Stelle monumentaler Proportionen treten übersichtliche Ausmaße. Einerseits wird die Dekoration – vor allem der Innenräume – noch reichhaltiger, exotischer und raffinierter, andererseits aber auch mehr Wert auf Bequemlichkeit und Funktionalität gelegt. In den Parks sucht man nach einer künstlichen Naturnähe in raffinierten Wasserspielen, neu gebauten Ruinen und nachgemachten Muschelgrotten.

? Schon gewusst?

Die Franzosen benutzen den Begriff Rokoko nicht. Sie unterteilen das 18. Jh. nach den Stilen „Régence“, „Louis Quinze“ und „Louis Seize“, wobei Letzterer der eher schwerfällige, junge Mann ist, der unter der Guillotine starb. Seine Frau **Marie Antoinette** (1755–93) hat vorher jedoch reichlich Geld in elegante Lustschlösschen investiert.

Deutschland und Österreich

In Süddeutschland und Österreich erlebt der frivole neue Trend aus Frankreich vermischt mit volkstümlichen Dekorelementen eine große Blüte im sakralen Bereich. Typisch für das heitere Kirchenrokoko ist die *Wieskirche* bei Steingaden (1744–54, Dominikus Zim-

Schloss Nymphenburg, München

mermann), die außen eine rhythmisch gegliederte, aber ansonsten schlichte Fassade in Pastellgelb und Weiß hat, während im Inneren alle Register gezogen werden. Die Gläubigen sehen sich einem Feuerwerk an Formen und Farben, rankendem, züngelndem und musikalisch beschwingtem Dekor ausgesetzt.

Zu den eifrigsten Bauherren und Förderern von Rokokoschlössern gehören die Grafen von Schönborn, die als Fürstbischöfe entlang des Mains unter anderem die *Würzburger Residenz* (1720–44, Balthasar Neumann) und *Schloss Weißenstein* in Pommersfelden (1713–18, Johann Dientzenhofer und Lukas von Hildebrandt) errichten. In Bayreuth lässt die Markgräfin **Wilhelmine** (1709–58), eine Schwester Friedrichs d. Gr., das *Markgräfliche Opernhaus* (1745–48), das *Neue Schloss* (1753–54) und die *Eremitage* (1749–53) bauen – wobei sie ihren Architekten sehr genaue künstlerische Vorgaben macht. In München entwirft **François Cuvilliés** (1695–1768) kleine Schmuckstücke wie das Schlösschen *Amalienburg* im Nymphenburger Schlosspark (1734–39) oder das *Cuvilliéstheater* (1751–53).

? Schon gewusst?

Als Balthasar Neumann über dem Treppenhaus der *Würzburger Residenz* ein gewaltiges Gewölbe errichten lässt, bezweifeln seine Gegner die Stabilität und schlagen vor, den Baumeister am besten zum Test dort aufzuhängen. Als Würzburg 1945 bombardiert wird, brennt die Residenz aus und der Dachstuhl stürzt ein – nur Neumanns Gewölbe halten stand.

Zwinger, Dresden (1709–22)

Der *Zwinger* in Dresden stellt architektonisch einen Übergang zwischen dem Barock und dem Rokoko dar, der Repräsentationsanspruch mit Grazie, eine klare Gliederung mit überschäumendem Dekor verbindet. **August d. Starke von Sachsen** (1670–1733) lässt sich die Hofanlage „im Zwinger“ zwischen innerer und äußerer Stadtbefestigung als Orangerie, dauerhafte Kulisse für seine rauschenden Feste und Vorhof für ein geplantes Schloss bauen, das sich dort anschließen sollte, wo heute die Gemäldegalerie steht. Obwohl der *Zwinger* in einem komplizierten, immer wieder von Geldmangel unterbrochenen Bauprozess erstellt wird, wirkt er bis in die Details vollendet harmonisch, was Kunsthistoriker nicht zuletzt auf eine kongeniale Synthese zwischen Augusts Landbaumeister **Matthäus Daniel Pöppelmann** (1662–1736) und dem kauzigen, bayerischen Bildhauer **Balthasar Permoser** (1651–1723) zurückführen. Die ganze Architektur wirkt leicht und festlich. Sowohl Orangerien wie Pavillons werden von großen Fenstern beherrscht, zwischen denen das Mauerwerk beinahe auf ein tragendes Skelett reduziert ist. Der Skulpturenschmuck zieht sich als gleichmäßige, leichte Draperien über die Fensterbögen der Orangerien, um dann am Kronentor und den beiden Pavillons in den Exedren der Schmalseiten überzuschäumen. Die Terrassen vor den vier Rechteckpavillons mit ihren eleganten Freitreppen sowie die langen mit Balustraden geschmückten Dächer der Orangerien, von wo aus man die Festlichkeiten im Hof bewundern konnte, betonen den Freizeit- und Vergnügungscharakter des *Zwingers.* Trotz der Größe der Anlage von 170 mal 240 Metern wirkt kein Teil für sich monumental. Als Höhepunkt gilt der *Wallpavillon* an der Nordostseite mit seinem bizarr geschwungenen, reich verziertem Dachgesims. Hinter dem *Wallpavillon* führen zwei elegante Treppen nach unten in das kleine *Nymphenbad,* das mit seinen Wasserkaskaden einen lauschigen Rückzugsort darstellt.

? Schon gewusst?

Ursprünglich waren alle Dächer des *Zwingers* blau gestrichen, die Wände weiß und der Schmuck vergoldet. Zusammen ergab das die Hausfarben Augusts des Starken. Im 19. Jh. kam jedoch eine weiß-grüne Gestaltung in den sächsischen Landesfarben auf.

Vierzehnheiligen, Oberfranken (1743–72)

Die *Wallfahrtskirche zu den 14 hl. Nothelfern* bei Bamberg gilt als bedeutendster Sakralbau des deutschen Rokoko. Im Inneren haben sich alle klassischen Formen endgültig in einen wolkig-heiteren Märchenhimmel aufgelöst. Von außen ist der gelbe Sandsteinbau eher dezent mit Risaliten und Skulpturen geschmückt. Trotz horizontaler Gesimse strebt er mit seiner Doppelturmfassade eindeutig in die Höhe. Im Inneren präsentiert sich dann eine Symphonie in Weiß, Gold und Hellblau. Der Grundriss der Kirche ist kreuzförmig, mit seinen teils geraden, teils gerundeten Wänden kaum noch als Kreuz zu erkennen. Das Gewölbe gestaltet **Balthasar Neumann** (1687–1753) aus drei großen und zwei kleinen Längsovalen sowie zwei Kreisen über den Seitenarmen, die sich teilweise überschneiden, teilweise durch Zwickel verbunden sind. Dadurch entsteht ein wogender, lebendiger Raumeindruck. Unter

? Schon gewusst?

Die vierzehn Nothelfer sind: Achatius, Ägidius, Barbara, Blasius, Christophorus, Cyriakus, Dionysius, Erasmus, Eustachius, Georg, Katharina, Margarethe, Pantaleon und Vitus.

dem mittleren Oval befindet sich der runde Gnadenaltar, ein nach oben strebender Triumph der Rocaillearchitektur mit den eleganten, weißgoldenen Figuren der 14 Heiligen. Eigentlich wollte Neumann ihn im Chor aufstellen wollen, doch der war hinter seinem Rücken zu eng gebaut worden. Also disponierte der Architekt um. Mit acht pastellfarbenen Säulen, Arkaden und einer Galerie von zwei Seiten leicht umfasst kommt der Altar im weiten Mittelraum sogar noch besser zur Geltung.

Sanssouci, Potsdam (1744–47)

Mit *Sanssouci* (französisch: ohne Sorgen) ließ sich **Friedrich II. von Preußen** (1712–86) eine Sommerresidenz erbauen, die in ganz bewusstem Gegensatz zu *Versailles* und allen anderen Repräsentationsschlössern steht. Hier wurden keine Staatsangelegenheiten geregelt und nur wenige ausgewählte Besucher wie etwa der französische Philosoph Voltaire empfangen. Obwohl das Schloss von der Gartenseite – hoch über dem terrassierten Weinberg – eindrucksvoll aussieht, ist es im Grunde nur ein etwas größeres Lustschlösschen, das durch seine ebenerdige Bauweise eine enge Verbindung zum Garten bewahrt. Einen Festsaal

Schloss Sanssouci, Potsdam

Neues Palais, Schloss Sanssouci

gibt es nicht, nur einen repräsentativen Speiseraum, den Marmorsaal der dem *Pantheon* nachempfunden ist. Einer der Seitenflügel enthält vier Gästezimmer, der andere die Räume des Königs sowie Konzertzimmer und Bibliothek, die besonders kunstvoll eingerichtet sind. Die Pläne entwarf Friedrich selbst und ließ sie durch seinen Baumeister und Gartenarchitekten **Georg Wenzelaus von Knobbelsdorff** (1699–1753) umsetzen. Da der König sehr genaue Vorstellungen hatte, kam es immer wieder zu Streit.

Das Schloss und der Weinberg bilden den Mittelpunkt eines Lustgartens mit weiteren, kleinen Schlösschen. Zu den originellsten gehört das *Chinesische Teehaus*, in dessen geschwungenen Vorhallen vergoldete Sandsteinfiguren Tee trinkender Chinesen lässig herumsitzen. 1763 lässt sich Friedrich II. doch noch ein großes Schloss im Park von Sanssouci Schloss bauen, das *Neue Palais* (1763–69). Es enthält 200 Zimmer für Staatsgäste, Marmor- und Spiegelsaal, ist architektonisch aber ein Rückgriff in die Zeit des strengen Barock, wie ihn das rund 60 Jahre ältere *Berliner Stadtschloss* verkörpert.

? Schon gewusst?

Auf historischen Landkarten taucht Berlin erst nach dem Dreißigjährigen Krieg auf. Kurfürst **Friedrich Wilhelm I.** (1620–88) legt erste barocke Bauten an. Sein Sohn, der als **Friedrich I.** (1657–1713) König wird, entwickelt jedoch eine rasante und den Staatshaushalt sehr belastende Bautätigkeit. Der bedeutendste Architekt ist **Andreas Schlüter** (1660/64–1714), der das *Berliner Schloss* und das *Zeughaus* baut.

Vom Klassizismus zum Jugendstil

Der Klassizismus greift zwischen 1750 und 1830 erneut auf die Architektur der Antike zurück. Aus ihm entwickelt sich der Historismus, der moderne Techniken mit dem Design vergangener Epochen verbindet. Als Gegenbewegung entsteht um 1900 der Jugendstil, der auf neue Formen und Anleihen in der Natur setzt. Seine Blütezeit endet mit dem Ersten Weltkrieg. Parallel entwickelt sich ab etwa 1840 die Ingenieurarchitektur aus Glas, Eisen und Beton. Sowohl Jugendstil als auch Ingenieurarchitektur stellen bereits einen Übergang zur Moderne dar.

Metrostation, Paris

Klassizismus

Der Klassizismus ist der Stil der Aufklärung, die Vernunft und Mündigkeit des Einzelnen gegen ein absolutistisches Regierungssystem setzt. Philosophen wie **Jean-Jacques Rousseau** (1712–78) und **Immanuel Kant** (1742–1804) entwickeln neue Gesellschaftsmodelle. In diesem Kontext wird eine Architektur gefordert, die weder der Religion noch den Feudalherren dient. Als **architecture parlante**, als „sprechende Architektur“, soll sie stattdessen einen positiven Einfluss auf den Menschen ausüben und Vernunft und Moral fördern. Neue archäologische Erkenntnisse lassen die Architektur der Antike noch stärker zum Ideal werden als in der Renaissance. Mit der griechischen Antike wird auch die ersehnte Demokratie verbunden.

Grundzüge der Architektur

Der Klassizismus stellt eine Gegenreaktion auf den Überschwang des Barock dar. Wie in der Renaissance sind wieder symmetrische, einfache Baukörper mit klarer Linienführung gefragt,

! Die Umwälzungen

1642–49 Bürgerkrieg in England und Hinrichtung Charles I.
1689 „Declaration of Rights“
1775–87 Unabhängigkeitskrieg und Verfassung der USA
1789–92 Beginn der Französischen Revolution und Erklärung der Menschenrechte
1813–15 Befreiungskriege gegen Napoleon und Neuordnung Europas durch den Wiener Kongress
1848 Revolutionsbewegungen in Europa (außer England und Russland)

allerdings meist ohne Betonung der Mittelachse. Der griechische Tempelportikus mit Säulen, Architrav und Dreiecksgiebel und die runde Kuppel des Pantheons machen Museen, Bibliotheken und Theater zu „Musentempeln“. Aber auch Regierungs- und Verwaltungsgebäude oder Banken werden mit Säulen und antiken Portalen verkleidet. Schlichte, aber eindrucksvolle Fassaden sollen die Größe der hinter dem Bau stehenden Ideen oder auch die Aufgaben des Gebäudes darstellen. Im Klassizismus stehen die Gebäude oft für sich oder sind eingebunden in die Natur, z. B. die Englischen Landschaftsgärten, wie sie **Peter Joseph Lenné** (1789–1866, *Park von Sanssouci*), **Hermann von Pückler-Muskau** (1775–1871, Parks von Muskau und Branitz) und **Ludwig von Schkell** (1750–1823, *Englischer Garten*, München) gestalten.

Griechisch oder römisch?

Im Gegensatz zur Renaissance wird im 18. Jh. auch die griechische Antike entdeckt und der Streit, ob die römische eine Verfeinerung oder Verfälschung der griechischen Architektur sei, beschäftigt die Theoretiker. In der Praxis wird beides oft vermischt. So ist das *Brandenburger Tor* (1788–91, Carl Gotthard Langhans) in Berlin zwar von den *Propyläen* der Akropolis inspiriert und griechisch geschmückt, stellt aber den römischen Typ des Triumphbogens dar. Die Rückkehr zum reinen Urzustand der Architektur, wie sie z. B. der von Rousseau beeinflusste **Marc-Antoine Laugier** (1713–69) in seinem

Brandenburger Tor

Essai sur l'architecture 1753 fordert, wird am ehesten in der Denkmalarchitektur verwirklicht. Dabei sehen sich die Bauten oft verblüffend ähnlich wie z. B. die *Walhalla* (1830–47, Leo von Klenze) bei Regensburg und die Pariser Kirche *Ste-Madeleine* (1807, Alexandre-Pierre Vignon), die Napoleon als Ruhmeshalle für die „Grand Armée" bauen ließ. Beide sind vom *Parthenon* inspiriert, allerdings hat *Ste-Madeleine* korinthische Säulen. Bei Zweckbauten ist die antike Säulenfassade jedoch oft nur vorgesetzt und das Innere vollkommen unabhängig davon gestaltet wie z. B. das *British Museum* in London (1823–47, Robert Smirke). Nach Laugier sollen vor allem keine Kirchen wie der *Petersdom* und *Il Gesù* mehr gebaut werden, sondern die Leichtigkeit der Gotik mit den Ordnungen der Antike verbunden werden. Als eines der gelungensten Beispiele gilt *Ste-Geneviève* in Paris (1764–90, Jaques-Germain Soufflot), die seit 1791 als *Pantheon* Begräbnisstätte berühmter Franzosen ist. Sie vereinigt die römische Kuppel mit dem griechischen Portikus und ist im Inneren bei allem antiken Dekor – und trotz Säkularisierung – als christliche Kirche erkennbar. Auch in der *Vor Frue Kirke* in Kopenhagen (1811–29, Christian Fredrik Hansen) sind antike Elemente harmonisch mit dem Typ der christlichen, tonnengewölbten Basilika kombiniert. Sehr weit entfernt von antiker Reinheit sind dagegen der Landhausstil des britischen Architekten **Robert Adam** (1728–92) und der französische **Empirestil**, die eher an Renaissance und römische Kaiserzeit anknüpfen und in der Innengestaltung nicht hinter der Pracht des Barock zurückbleiben.

Die Entwicklung

Sowohl in England als auch in Frankreich gab es eine klassizistische Form des Barock. Deshalb wird der ab 1750 einsetzende Stil Neoklassizismus genannt. In Frankreich ist es der Hofbaumeis-

! Die Entdeckung der Antike

1738: Die Ausgrabung von *Herculaneum* und *Pompeji* beginnt.
1750: Als erstes griechisches Bauwerk wird der *Poseidontempel* von Paestum vermessen.
1762: Das Buch *Antiquities of Athens* der Archäologen **James Stuart** (1713–88) und **Nicolas Revett** (1720–1804) erscheint.
1806: Mit den Bruchstücken des *Parthenonfrieses* (**Elgin Marbles**) kommen die ersten Kunstwerke der griechischen Klassik nach Westeuropa.

Arc de Triomphe, Paris

Kapitol, Washington

ter Ludwigs XV., **Jaques-Ange Gabriel** (1698–1782), der langsam zu klassizistischen Formen überleitet. **Étienne-Louis Boullée** (1728–99) und **Claude-Nicolas Ledoux** (1736–1806) entwickeln eine visionäre, monumentale **Revolutionsarchitektur**, die nicht mit der Französischen Revolution zu tun hat und nur in Ansätzen verwirklicht wird, z. B. Ledoux' utopische Pläne für die Salinenstadt *Chaux* (heute *Arc-et-Senans*, 1774–79). Nach der Kaiserkrönung **Napoleon Bonapartes** (1769–1821) knüpft der Empirestil auch an die Stadtgestaltung der römischen Kaiserzeit mit Triumphbögen (*Arc de Triomphe*, 1806) und monumentalen Gebäuden an. Das macht vor allem in *St. Petersburg* Schule.

In den USA entwickelt sich nach der Unabhängigkeitserklärung der **Federal Style**. Präsident **Thomas Jefferson** (1743–1826) fordert eine von England unabhängige Architektur, orientiert sich aber trotzdem stark an Palladio. Sein Privathaus *Monticello* (1769) hat *La Rotunda* zum Vorbild. Die *Universitätsbibliothek von Virginia* (1817–26) lässt er dem *Pantheon* nachbauen. Nach diesem Vorbild entsteht ab 1793 auch das *Kapitol* in Washington, das seinerseits beim Bau vieler Parlamente der Einzelstaaten kopiert wird.

Der Wegbereiter des Klassizismus in Deutschland ist **Leopold III. Friedrich Franz von Anhalt-Dessau** (1740–1817). Er lässt sich ab 1765 von **Friedrich Wilhelm von Erdmannsdorff** (1736–1800) mit *Schloss Wörlitz* und dem *Dessau-Wörlitzer Gartenreich* eine viel bewunderte Musterlandschaft anlegen, in die er nach dem Vorbild Kaiser Hadrians Nachbildungen berühmter Gebäude integriert. In Preußen initiiert der der Aufklärung gegenüber aufgeschlossene König **Friedrich Wilhelm II.** (1744–97) mit dem *Brandenburger Tor* den ersten und viel imitierten Monumentaltorbau des Klassizismus, ein Signal, das allen Gästen zeigen soll, wie fortschrittlich und europäisch die Hauptstadt des jungen preußischen Staates ist. Eine wichtige Rolle für den deutschen Klassizismus spielt der preußische Oberbaurat **David Gilly** (1745–1808), der eine private Bauschule gründet, aus der 1799 die *Berliner Bauakademie* hervorgeht. Während Gilly ein Praktiker ist, der sich wenig um antike Vorstellungen kümmert, zeichnet sein Sohn **Friedrich** (1772–1800) visionäre, heroische Entwürfe, die ähnlich zur französischen Revolutionsarchitektur reine, antike Formen steigern und für neue Funktionen verwenden. Damit inspiriert er 1800 in einer „Privatgesellschaft junger Architekten" die besten Schüler seines Vaters: **Karl Friedrich Schinkel** (1781–1841) und **Leo von Klenze** (1784–1864).

? Schon gewusst?

Beim Bau der Walhalla ließ sich Klenze stark von einem Entwurf Friedrich Gillys leiten und holte sich auch bei seinem Freund Schinkel Hilfe, der ihm eine Eisenkonstruktion für die Überdachung vorschlug.

Neue Wache, Berlin (1816–18)

Die *Neue Wache* unter den Linden in Berlin ist eines der klassizistischen Gebäude, in denen die Formensprache der Antike mustergültig auf ein Bauwerk mit neuer Funktion übertragen wurde, um eine „architecture parlante" zu erzeugen, wie sie dem Erziehungsideal des Klassizismus entspricht. Karl Friedrich Schinkel sollte anstelle eines älteren, kleineren Wachgebäudes am Eingang des kaiserlichen Schlossbezirks einen Neubau errichten, der in der Nachbarschaft des *Zeughauses* bestehen kann. Der Architekt lässt sich von der Form des römischen Castrums inspirieren und wählt einen nüchternen, quadratischen Baukörper mit Risaliten an

? Schon gewusst?

Die *Neue Wache* wurde 1931 zum Denkmal für die Gefallenen des Ersten Weltkriegs umgestaltet. Da die Nationalsozialisten dort Heldengedenktage abhielten, macht die DDR-Führung 1960 daraus ein Mahnmal für die „Opfer des Faschismus und Militarismus" mit den Grabplatten des „Unbekannten Soldaten" und „Unbekannten Widerstandskämpfers". 1993 wird die Wache wieder umgestaltet – zur „Zentralen Gedenkstätte der Bundesrepublik Deutschland für die Opfer von Krieg und Gewaltherrschaft".

den Ecken, die Türme andeuten. Die dicken Mauern und die strenge Gliederung drücken die Sicherheit und Ordnung aus, für die das Wachgebäude stehen soll. Vor den Kubus hat Schinkel eine Säulenfassade mit niedrigem Dreiecksgiebel gesetzt. Die gedrungene Form, in der nichts nach oben strebt, drückt die dienende Funktion der Wache gegenüber Schloss und Kirche aus, ohne den Bau deswegen klein zu machen. Die Säulen gehören der „männlichen", dorischen Ordnung an. Sie sind kraftvoll, nüchtern und standhaft – soldatische Tugenden. Ein Tympanonrelief mit allegorischen Schlachtenszenen lockert die karge Strenge des Gebäudes etwas auf.

In der Gestaltung des Frieses weicht Schinkel von antiken Vorbildern ab. Anstelle von Triglyphen und Metopen findet sich über jeder Säule eine kleine Siegesgöttin, von **Gottfried Schadow** (1764–1850) bewegt und individuell gestaltet. Sie erinnern an die siegreichen Befreiungskämpfe gegen Napoleon. Um die Monumentalität und Ausdruckskraft der Wache zu betonen, hat Schinkel sie bewusst nicht an andere Gebäude angelehnt, sondern frei platziert und mit vielen Bäumen umgeben.

Königsplatz, München (1816–60)

Mit dem *Königsplatz* will sich der von Griechenland begeisterte König **Ludwig I.** (1786–1868) seine persönliche *Akropolis* im „Isarathen" München errichten lassen. Als ersten Bau lässt er seinen Hofarchitekten Leo von Klenze die *Glyptothek* (1816–34) errichten, ein Museumsgebäude für die Skulpturen, die er 1811 in Ägina erworben hat. Eine solche öffentliche Skulpturengalerie hat es bis dahin noch nicht gegeben und Klenzes Gebäude wird damit zum Vorbild für Museumsbauten. Er legt die Galerie rund um einen großen Innenhof an. Die Räume teilt er mit Gurtbögen in quadratische Joche, die mit einer sanften,

Glyptothek, München

runden Wölbung überkuppelt sind und damit gleichsam zu sakralen Räumen werden. Wände und Decke sind so reichlich mit antiken Porträts und Szenen bemalt, dass die Statuen fast untergehen. Die schlichte Vorderfront des Gebäudes schmückt ein überhöhter Tempelportikus mit ionischen Säulen. Die nüchternen weißen Wände werden durch Nischen aufgelockert, in denen verschiedene Skulpturen stehen. Klenze gerät deswegen mit Ludwig I. in Streit, der absolut reine Antike wünscht, während sich sein Architekt gegen servile Nachahmung wehrt.

Klenze will um den Königsplatz auch Wohnbauten errichten, kommt aber nicht gegen die Akropolisvorstellungen des Königs an. Also plant der Architekt gegenüber der *Glyptothek* ein weiteres Museum mit korinthischen Säulen (1838–72, von Friedrich Ziebland gebaut) und zwischen beiden ein dorisches Torgebäude, die *Propyläen* (1846–60). Im Gegensatz zum *Brandenburger Tor* ist es ein reines Repräsentationsmonument. Klenze flankiert es mit zwei mächtigen, ägyptisch inspirierten Türmen, die einen tempelartigen Säulenbau in die Mitte nehmen. Die Freiheit, antike Elemente aus verschiedenen Kulturen zu mischen, weist schon auf den Historismus hin. Der sehr große, meist recht leer wirkenden Platz zwischen den drei Gebäuden, zeigt, dass Klenze mit seinen Bedenken gegen die reine Repräsentativbebauung recht hatte. Andererseits bescherten die Akropolispläne des Königs München eine große Freifläche, auf der im Sommer gut besuchte Open-Air-Konzerte und -Filmvorführungen stattfinden.

? Schon gewusst?

Nachdem Ludwigs Sohn **Otto** (1815–1867) König von Griechenland wurde, ließ er in Athen klassizistische Bauwerke errichten, die bis heute das Bild der Stadt prägen. In Italien dagegen förderte Napoleon pseudoantike Bauten.

Historismus

Sowohl England wie Deutschland erleben in der ersten Hälfte des 19. Jhs. ein **Gothic Revival**. Auf den englischen Landsitzen ist der Stil nie ganz aus der Mode gekommen. In Deutschland hilft Goethes Aufsatz *Über die Deutsche Baukunst* (1772) der Begeisterung kräftig auf die Sprünge. Nach dem Sieg über Napoleon auf der Suche nach einer nationalen Identität hält man die Gotik für den typisch deutschen Stil. Die allgemeine Verunsicherung durch die schnellen, gesellschaftlichen und technischen Änderungen führen zu einer romantischen Verklärung des Mittelalters. Mit der Zeit wird der Stilmix immer willkürlicher. Er verfestigt sich nach 1870 zum monumentalen, stark neobarocken Gründerstil.

Grundzüge der Architektur

Durch den Einsatz neuer Baumaterialien kommt es während des 19. Jhs. zu vorher nie gekannten technischen Möglichkeiten. Moderne Gebäude wie Rathäuser, Fabriken, Kraftwerke oder Bahnhöfe werden jedoch hinter den vertrauten Fassaden zinnenbewehrter Burgen oder gotischer Kathedralen versteckt. Oft passen die historischen Elemente schlecht zum Baukörper. So wird das *House of Parliament* (1840 –1888) in London mit einem monotonen, gotisch wirkenden Dekor überzogen, der viel zu kleinteilig ist, um ein Emporstreben des ungeheuer breiten Bauwerks zu suggerieren. Anderswo entstehen Burgen oder Kathedralen, die sich kaum von den mittelalterlichen unterscheiden wie der *Linzer Dom* (1862–1925) oder die Wiener *Votivkirche* (1856–1879), die eine vollkommene Synthese aus den Kathedralen von Reims, Amiens, Köln und Straßburg darstellen soll. Neben der Gotik werden auch die Romanik und der Barock wiederentdeckt. Aus den Kolonialreichen gelangen außereuropäische Einflüsse in die Architektur, die sich jedoch rein auf das Dekor beschränken. In der zweiten Hälfte des Jahrhunderts

House of Parliament, London

Pariser Oper

kommt es zur Herausbildung eines Massengeschmacks, da die Bauherren immer mehr anonyme Gesellschaften statt reiche Mäzene sind. Monumentalbauten sind dank der neuen technischen Möglichkeiten so leicht, schnell und kostengünstig zu realisieren wie nie zuvor. So erlebt das Deutsche Reich von 1892–97 eine viel bespöttelte Flut an Kaiser-Wilhelm-Denkmälern (*Deutsches Eck, Kyffhäuser, Porta Westfalica*). Gleichzeitig werden die Stadtplanung und der Wohnungsbau für einfachere Schichten immer pragmatischer. So richtet sich zum Beispiel die Größe der Berliner Hinterhöfe nach dem Wendekreis der Feuerspritze.

Der große Bluff

Alles ist möglich im 19. Jh. und wenig so, wie es auf den ersten Blick scheint. Die Begeisterung für das Mittelalter führt zu einer Denkmalpflege, die viel rettet, aber vielleicht noch mehr vernichtet. So zerstört **George Gilbert Scott** (1811–78) in England unzählige spätmittelalterliche Bauten, weil er sie als Verfälschungen der echten, frühgotischen ansieht. Der *Kölner Dom* sowie das *Ulmer* und *Berner Münster* werden endlich fertig gebaut, während die Fürsten Ritterburgen statt Lustschlösser errichten. Das Geschlecht der Hohenzollern baut sich sogar eine neue mittelalterliche Stammburg. Die fantasievollste Verquickung zwischen Gotik und Romantik stellt sicherlich *Neuschwanstein* (1869–81, Eduard Riedel) dar. Städte und Regionen, die erst im 18. oder 19. Jh. Bedeutung erlangt haben, geben sich mithilfe der Architektur eine künstliche Vergangenheit. In den USA entstehen Tempel und Kathedralen, östlich der Elbe romanische Bauten. König **Friedrich Wilhelm IV. von Preußen** (1795–1861) entwirft höchstpersönlich die Skizze der *Sakrower Heilandskirche* (1841–44, Ludwig Persius), die im nüchternen Preußen mit Campanile und Arkadengängen an die italienische Romanik anknüpft. Überhaupt sind die Bauten des Historismus oft ein Spiegelbild der emotionalen Befindlichkeiten. Die preußischen Denkmäler, der riesige *Berliner Dom* (1894–1905, Julius Karl Raschendorff) und die an die rheinischen Kaiserdome anknüpfende *Kaiser-Wilhelm-Gedächtniskirche* (1890–95, Franz Schwechten) entstehen, als Kaiser und Reich mit ihrer Großmachtpolitik immer mehr und mehr Schiffbruch erleiden.

Die Franzosen dagegen bauen die kitschig weiße, unübersehbare, neobyzantinische Kirche *Sacré-Coeur* (1876, Paul Abadie) gleichsam als Trostpflaster nach dem verlorenen Krieg von 1870/71. In den Städten entdeckt das Bürgertum den Glanz untergegangener Feudalzeiten. In der *Pariser Oper* (1881–74), einer glanzvollen Mischung aus Barock und Renaissance, ist das Treppenhaus größer als der Zuschauerraum. **Charles Garnier** (1825–98) muss sich den Vorwurf gefallen lassen, er habe mit diesem Bau die intellektuelle Tradition der französischen Architektur zerstört. Aber das Publikum liebt das „Sehen-und-Gesehen-werden" im *Grand Foyer* und auf der *Grand Escalier* und Garniers Prachtbau wird überall imitiert. Während man einerseits aber den vergangenen Stilen huldigt, werden in der Stadtplanung historische Strukturen wenig einfühlsam zerrissen und beseitigt. **Georges Eugène Haussmann** (1809–91) rühmt sich bei seiner Neuorganisation von Paris, 27.000 alte Häuser abgerissen zu haben. Beschränkt auf den praktischen Wert gilt Haussmanns Werk allerdings als Meisterleistung.

? Schon gewusst?

Über den Historismus kursiert das Bonmot: Das Haus ist fertig, welcher Stil soll nun dran?

Semperoper, Dresden (1871–78)

Als einer der wenigen Architekten, die im Historismus einen eigenen künstlerischen Stil entwickeln, gilt **Gottfried Semper** (1803–79). Seine Maxime ist, dass die Funktion eines Gebäudes Grundriss und Gestaltung bestimmen müsse. Sein erstes *Dresdner Hoftheater* (1838–41) macht Furore, weil er das Bühnenhaus und den Zuschauerraum nach außen deutlich sichtbar macht.

Die Foyers ziehen sich in halbrunden Galerien um den Zuschauerraum, während die großen Treppenhäuser seitlich angeordnet sind, um die Optik nicht zu stören. Als das Theater 1869 abbrennt, fordern die Bürger vehement, dass niemand anderes als Semper den Auftrag für den Neubau bekommen dürfe – obwohl der Künstler 1849 an den Märzaufständen teilgenommen hat und außer Landes fliehen musste.

Semper bleibt seinem Grundkonzept auch beim *zweiten Hoftheater* treu. Da sich durch den Bau seiner *Gemäldegalerie* (1845–55) inzwischen allerdings das Umfeld geändert hat, setzt er den neuen Bau zurück, gibt ihm mit einem überhöhten Mittelportal eine axiale Ausrichtung und zieht die seitlich angefügten Treppenhäuser so weit vor, dass sie die ganze Breite des Platzes ausfüllen. Während er sich beim leichteren ersten Bau an der Frührenaissance orientierte, ist das zweite Theater eher im eindrucksvollen Stil der Spätrenaissance gestaltet. Gekonnt ist vor allem die Staffelung in der Längs- und der Querachse. Die neue Bühnentechnik erfordert 1871 ein höheres Bühnenhaus. Semper stellt eine Einheit in der Mittelachse her, indem er dem Mittelportal eine Quadriga aufsetzte, die genau vom Dreiecksgiebel des zurückgesetzten Bühnenhauses gerahmt wird. Auch der gesamte Bilder- und Figurenschmuck des Theaters ist vom Architekten persönlich entworfen. Die Figuren wie „Macbeth“, „Mephisto“ und „Don Juan“ auf dem Dach der Seitenwände stammen teilweise noch vom ersten Theater und haben den Brand überlebt. Ebenso viel Wert legt Semper jedoch auf Funktionalität. Im Zuschauerraum sorgen Muschelnischen an den Rängen für eine ausgezeichnete Akustik und von allen Plätzen der ursprünglich fünf, heute aber nur noch vier Ränge ist der Blick zur Bühne gut.

! Gottfried Semper

Als Semper der Auftrag aus Dresden ereilte, war er gerade in Wien am Ausbau der *Hofburg* beteiligt. Er übertrug deshalb die Bauleitung in Dresden seinem Sohn Manfred, dem er fast täglich genaue briefliche Anweisungen gab. Der zweite Sohn Emanuel schuf einige der Skulpturen.

Reichstag, Berlin (1884–94)

Das *Reichstagsgebäude* in Berlin wird dem so genannten Gründerstil zugerechnet. Ein Architektenwettbewerb soll 1871 zu einem dem deutschen Volk würdigen

Parlament führen. Man kann sich nicht einigen und es dauert über zehn Jahre, bis Paul Wallot mit dem Bau beauftragt wird. Sein *Reichstag* hat die Gestalt eines viereckigen Renaissancepalasts mit zwei Innenhöfen und einem zentralen Sitzungssaal. Außerdem zeichnet sich der Entwurf durch ein übersichtliches Korridorsystem aus. Die vier Ecktürme sind mit barocken Risaliten hervorgehoben.

Der Bau wirkt dadurch schwerer als die Renaissancevorbilder, was durch die frei stehende Lage noch betont wird. Das mächtige Westportal jedoch mit der klassizistischen Tempelfassade und der Widmungsschrift „Dem Deutschen Volke" entstand wie manches andere auch auf persönliches Betreiben von Kaiser **Wilhelm II.** (1859–1941). Vor allem die hohen Säulenhallen und die reichliche Verwendung von poliertem Marmor im Inneren stießen damals auf große Kritik. Die Berliner sprachen spöttisch vom Museum für Bildhauerei und Kunsthandwerk.

Das eigentlich revolutionäre an Wallots Entwurf war die Kuppel über dem Sitzungssaal. Erst diese Konstruktion aus den 1890 immer noch künstlerisch verpönten Materialien Glas und Eisen gab dem Gebäude ausgewogene Proportionen und eine spannende Optik. So setzte auch **Norman Forster** (geb. 1935), der bei der Umgestaltung des *Reichstagsgebäudes* 1993 das äußere Erscheinungsbild bewahren wollte, auf eine neue Kuppel, die noch filigraner und zudem für jeden, der die langen Warteschlangen nicht scheut, zwischen acht und 22 Uhr begehbar ist.

Ingenieurarchitektur

In der zweiten Hälfte des 18. Jhs. wird Eisen zu einem billigen Massenartikel. Die Erfindung von Doppel-T-Trägern verdreifacht die Spannung. Die erste gusseiserne Bogenbrücke mit 30 Meter Spannbreite wird 1775–79 in Großbritannien bei *Coalbrookdale* über den Severn gebaut. Kein Baustoff hat je zuvor mit so wenig Masse eine solche Ausdehnung erlaubt. Auch **Tafelglas** steht dank eines neuen Walzverfahrens in ausreichender Menge zur Verfügung. Dank eines ähnlichen Ausdehnungskoeffizienten bei Wärme lässt es sich gut mit Eisen kombinieren. 1854 kommt der **Portlandzement** auf den Markt, zwei Jahre später der **Bessemerstahl,** der härter und feuerfester als Gusseisen ist. 1867 meldet **Joseph Monier** (1823–1906) den **Stahlbeton** zum Patent an. Doch die Architektur tut sich schwer mit den neuen Materialien.

Grundzüge der Architektur

1801 errichtet **James Watt** (1736–1819) in Manchester ein siebenstöckiges Spinnereigebäude mit einem gusseisernen Skelett, das zum Muster für die Fabriken und Lagerhäuser des 19. Jhs. wird. Die erste Kuppel aus Eisen und Glas wird 1813 über die runde *Halle aux Blés*, den Kornspeicher von Paris, gebaut. 15 Jahre später erhalten die *Galerien d'Orléans* in der französischen Hauptstadt eine gläserne Überdachung. 1865 wird die *St. Pancras Station* in London mit einer 75 Meter breiten Bahnhofshalle überspannt. Jede größere Stadt in Europa und den USA hat inzwischen überdachte Einkaufsgalerien, Markthallen und Bahnhöfe. Aber alle diese Konstruktionen gelten als rein technische Ingenieurleistungen, nicht als Architektur. Die neue Technik wird nur bei Zweckbauten angewendet oder wie bei *St. Pancras* hinter einer pseudohistorischen Fassade versteckt. Als **Henri Labrouste** (1801–75) es wagt, 1843 in der Bibliothek *Ste-Geneviève* in Paris unverkleidete schlanke Eisensäulen und floral verzierte Querstreben zu verwenden, wird er ausgelacht.

? Schon gewusst?

Mehrere Künstler, darunter **Émile Zola** (1840–1902), protestierten gegen den Eiffelturm als Schande von Paris. Der Turm sollte nach der Ausstellung abgerissen werden, blieb aber zunächst stehen und diente im Ersten Weltkrieg als Artilleriebeobachtungsposten. Danach sicherte ihm die Verwendung als Rundfunk- und Fernsehrelais die weitere Existenz, bis er endlich zum Stolz von Paris geworden war.

Die Revolution von London

1850 stehen die Organisatoren der Londoner Weltausstellung vor einem Problem. Kein Gebäudeentwurf, der ihnen vorliegt, wird rechtzeitig fertig werden. Da flattert ihnen wie ein Geschenk des Himmels ein Vorschlag von **Joseph Paxton** (1810–65) ins Haus. Paxton ist Direktor der Gärten des Herzogs von Devonshire. Dort hat er 1840 ein 100 Meter langes und 20 Meter hohes Gewächshaus aus Gusseisen und Glas errichten lassen. Mit dieser Technik, so Paxton, könne er im *Hyde Park* eine fünfschiffige Halle von fast 600 Meter Länge errichten – rechtzeitig. Die Organisatoren lassen sich auf das Wagnis ein. In nur wenigen Monaten stellen zwei Ingenieure mit einem Bautrupp, der zum größten Teil aus Hilfsarbeitern besteht, aus lauter vorgefertigten und genormten Tei-

Eiffelturm, Paris

len den Kristallpalast auf. Das Gebäude wird zur Sensation. Zur Weltausstellung 1889 zieht Paris nach. **Gustave Eiffel** (1832–1923) errichtet mit einem 300 Meter hohen Stahlskelettturm das höchste Gebäude der Welt. **Charles Ferdinand Dutert** (1845–1906) und **Victor Contamin** (1840–93) bauen mit der *Galérie des machines* das mit der größten Spannweite (114 Meter).

Die Schule von Chicago

In der zweiten Hälfte des 19. Jhs. wird in den amerikanischen Großstädten Baugrund rar und teuer, weshalb immer höher gebaut wird. Der Pionier der Wolkenkratzer ist **William Le Baron Jenney** (1832–1907) aus Chicago. Während man in New York Eisenskelettbauten weiterhin mit einer historisierenden Fassade verblendet, verkleidet Jenney 1879 an seinen *First Leiter Buildings* nur noch Stützen und Querträger zum Schutz vor Feuer mit Hohlsteinen und fühlt die entstandenen Raster mit Fenstern aus. 1883–85 baut er mit dem *Home Insurance Building* das erste zehnstöckige Hochhaus mit reinem Stahlskelett. Jenneys Schüler **Louis H. Sullivan** (1856–1924) betont bei seinen Gebäuden die Horizontale mit durchgehenden Keramikstreifen zwischen den Fenstern, was zum typischen Chicagodesign wird, aber nur in der Stadt Schule macht. **Daniel Hudson Burnham** (1846–1912), ein weiterer Jenney-Schüler, gibt seinen Gebäuden wie dem berühmten dreieckigen *Flatiron* (1902) in New York weiterhin eine klassizistische Fassade.

In Europa baut **Auguste Perret** (1874–1954) das erste Haus mit einem Stahlbetonskelett. Perret sieht darin eine ideale Möglichkeit, wieder an das gotische Konstruktionsprinzip mit tragenden Stützen und dünnen Wänden anzuschließen. Bei seinem *Mietshaus in der Rue Franklin* (1902–03) in Paris sind die Skelettteile offen von der Füllung aus großen Fenstern und mit Blumen verzierten Steinplatten abgesetzt. Eine u-förmige Biegung verleiht der Fassade zusätzlich Leben. Perret gibt damit allen Räumen ein Fenster zur Straße und vermeidet die damals üblichen, schmalen, ungesunden Lichtschächte im Inneren.

Mietshaus in der Rue Franklin, Paris

Turbinenhalle der AEG, Berlin (1908–09)

Die *Turbinenhalle der AEG* in Berlin-Wedding ist ein Teil der „Neuorganisation alles Sichtbaren", die **Peter Behrens** (1868 bis 1946), ein führendes Mitglied der Jugendstil-Künstlerkolonie *Mathildenhöhe*, für die AEG vornehmen soll. Vom Briefpapier über das Firmensignet und die Produkte bis hin zu den Produktionsstätten gibt er allem ein neues Design und wird damit zum Pionier der „Corporate Identity". Seine Turbinenhalle ist der erste Industriebau, bei dem Stahl und Glas in das Dekor einbezogen werden. Als Grundlage dient ein 207 Meter langes, 40 Meter breites und 25 Meter hohes Skelett, mit dem er die Halle stützenfrei überspannen kann. Die Zwischenräume füllt er mit großen, gerasterten Glasflächen, die von einem ganz niedrigen Sockel bis unter das Dach reichen. Ecken und Giebelfeld der Fassade sind mit gelbem Sandstein gestaltet. Die Stahlstützen ragen überall hervor. An den Seiten gliedern sie die Wand wie Pilaster eines griechi-

? Schon gewusst?

Mit Gropius, Ludwig Mies van der Rohe und Le Corbusier gehören die drei führenden Architekten der frühen Moderne zu Behrens Schülern. Allerdings lernte auch der Hitler-Architekt Albert Speer bei ihm.

schen Tempels. An der Frontfassade markieren sie einen Tempelportikus mit senkrechten Stützen und einem waagrecht abgesetzten Giebelfeld, in dessen gerundetem Tympanon sich statt Reliefs das Firmenlogo der AEG findet. Die abgewogenen Proportionen und die Ausdruckskraft von Stahl und Glas, die durch keinen Dekor verzerrt wird, erzeugen eine nüchterne und trotzdem feierliche Atmosphäre. Mit seinem „Tempel der Arbeit" knüpft Behrens an die „architecture parlante" des Klassizismus an. Seine Schüler **Walter Gropius** (1883–1969) und **Adolf Meyer** (1881–1929) radikalisieren den Ansatz nur ein Jahr später. Beim Bau des *Fagus Werks* (1910–14) in Ahlfeld/Leine verzichten sie auf alle neoklassizistischen und symbolistischen Details und setzen nur noch auf Sachlichkeit und Transparenz. Damit sind sie endgültig in der Moderne angekommen.

Jugendstil

Der Jugendstil entsteht aus den Reformbewegungen der Jahrhundertwende (Wandervogel, Anthroposophie, Vegetarismus, FKK), die die Industriestädte als lebensfeindlich empfinden und zurück zur Natur streben. In der Kunst wird in pflanzlichen Formen und fließenden Linien ein Gegenentwurf zum schweren, erstarrten Historismus gesehen. Der Jugendstil gerät jedoch bereits vor dem Ersten Weltkrieg stark in die Kritik. Der Österreicher **Adolf Loos** (1870–1933) erklärt 1910 Ornamente zum Verbrechen, da sie aufwendig und teuer seien, dem Handwerker nur Hungerlöhne einbrächten und sich im Geschmack schnell abnutzten.

? Schon gewusst?

In Deutschland ist der neue Stil nach der 1896 gegründeten Kunstzeitschrift Jugend benannt. In Österreich heißt er Sezessionsstil, in Italien „Stile florale" oder „Stile Liberty", weil vor allem die Stoffe eines englischen Kaufhauses namens Liberty das neue Design aufbrachten. In England spricht man von „Modern Style", in Spanien von „Modernismo", in Frankreich und Belgien von „Art Nouveau".

Grundzüge der Architektur

Der Jugendstil stammt aus der Grafik und dem Kunstgewerbe. Der Erste, der ihn in die Architektur umsetzt, ist **Victor Horta** (1861–1947). Sein *Hôtel Tassel* in Brüssel (1893) ist voller filigraner, tastender, tanzender Linien. Eine zentrale Forderung des Jugendstils ist Materialgerechtig-

Metrostation, Paris

keit. Die ästhetische Wirkung der Gebäude soll den Baustoffen und dem Zweck entsprechen. Viele Jugendstilkünstler experimentieren mit Materialien wie Keramik, Metallen, Mosaiken, buntem Glas und Stein und mixen diese untereinander. Eisen wird sehr beliebt, weil sich mit keinem anderen Material die rankenden, fließenden Linien besser erzeugen lassen. Beispielhaft sind die bizarren Eingänge der Pariser Métro-Stationen, die **Hector Guimard** (1867–1942) zwischen 1899 und 1913 gestaltet. Allerdings verkommt der oft auch zum reinen Dekor an den Fassaden konventionell gebauter Häuser.

Der Stil im Wandel

Im Jahr 1900 begegnen der Wiener Künstler **Otto Wagner** (1841–1918), bekannt durch die Gestaltung der Stadtbahnstationen, und sein Schüler **Joseph Maria Olbrich** (1867–1904) auf einer Jugendstilausstellung in Wien **Charles Rennie Mackintosh** (1868–1928), dem Architekten der *School of Arts* in Glasgow. Dieses abweisende, blockhafte Gebäude hat wenig mit dem geläufigen, floralen Jugendstil zu tun. Mackintosh setzt auf ein geometrisches, sachliches Design, das aber unkonventionell und sehr plastisch durchgestaltet ist. In Wien schlägt die Neue Sachlichkeit ein und verdrängt das verspielte Blumen- und Rankenwerk. Die Fassade des *Wiener Postsparkassenamts* gestaltet Wagner mit weißen Marmorplatten und einem geometrischen Muster aus Aluminiumnieten. Im Inneren überspannt eine große, gläserne Halle den Schalterraum. Sein Schüler Loos schwört dem Ornament vollkommen ab und wird einer der Vordenker der Moderne. Olbrich geht nach Darmstadt in die Kolonie *Mathildenhöhe*, 1899 von Großherzog **Ernst Ludwig von Hessen** (1868–1937) als deutsches Zentrum der modernen Kunst und Architektur gegründet. Unter dem Einfluss von Olbrich und Behrens wird auch dort der Jugendstil massiver, ernster und tendiert zu expressiver Vereinfachung.

Als bedeutendster Architekt des Jugendstils und gleichzeitig als größter Außenseiter gilt jedoch **Antonio Gaudí** (1852–1926). Seine Gebäude sind von dem organischen Stil völlig durchdrungen. Ein Gaudí-Haus wie die *Casa Battló* (1905–07) scheint aus einem großen Klumpen Lehm zu bestehen, den jemand durchgeknetet und dann liebevoll verziert hat. Das Dach erinnert an den schillernden Schuppenpanzer eines Drachen, die stützenden Fassadenelemente an blanke Knochen. Die Balkone sind wie Masken geformt und blicken auf den Passanten herunter. Nirgends gibt es eine gerade Wand oder einen rechten Winkel. Treppen, Türen, Fenster, Kamine, Möbel: Jedes Detail ist ein Unikat des Künstlers.

Sagrada Familia, Barcelona (ab 1883)

Das großartigste Werk des Jugendstils, aber gleichzeitig auch eines, das seine Grenzen überdeutlich aufzeigt, ist die Kathedrale *La Sagrada Familia.* 1883 bittet eine religiöse Vereinigung, die mit diesem Bau gegen Verweltlichung und Industrialisierung protestieren will, den noch relativ unbekannten Antonio Gaudí das neogotische Werk fortzuführen. Obwohl der anfangs eher kirchen-

Sagrada Familia, Barcelona

kritische Künstler die Kathedrale zu seinem Lebenswerk macht und schließlich sogar auf der Baustelle wohnt, steht gerade einmal einer von 13 geplanten Türmen, als Gaudí stirbt. Inzwischen sind vier der 120 Meter hohen Aposteltürme und das östliche Querschiff fertig. Für die Kathedrale hat der Architekt getreu seinem Motto „Wir dürfen die Gotik nicht wiederholen, wir müssen sie fortführen“, eine völlig neue Statik entwickelt, die nicht auf einem Strebewerk beruht, sondern auf schräg gestellten, baumähnlichen Stützen aus Stein und Stahl. Dieses Skelett soll einmal mit einem unendlichen Reigen an Kunstwerken und Ornamenten überzogen sein. Die scheinbar unförmige Masse, die die Eingangsportale der Kirche einer Tropfsteinhöhle gleichen lässt, ist voller religiöser Szenen, Worte, Pflanzen und Getier. Die Spitzen der Türme tragen Gaudís typische maurische Mosaiken. Im Inneren gewähren die vielen Öffnungen ein faszinierendes Licht-und-Schatten-Spiel. Trotz all dieser Details bleibt der Eindruck des Rohbaus. Um die vollkommene Gaudí-Synthese von organischen Formen und fantasievollem, farbenfrohem Kunsthandwerk zu erleben, muss man die fertigen Werke des Künstlers bewundern, z. B. bei einem Spaziergang durch den *Güell Park* (1900–14). Die Kathedrale ist – wie im Mittelalter – ein Werk von Generationen.

? Schon gewusst?

1998 beantragt der Klerus von Barcelona beim Papst, Gaudí heilig zu sprechen. Eine Entscheidung steht noch aus.

Moderne

Nach dem Ersten Weltkrieg entsteht mit der Neuen Sachlichkeit rund um das Dessauer Bauhaus ein radikal moderner Ansatz, aus dem sich der funktionalistische Internationale Stil entwickelt. Daneben bleiben der Expressionismus und der mit ihm verwandte Plastische Stil auf einzelne Bauwerke beschränkt. In den 1960er Jahren setzt eine breite Kritik am Internationalen Stil ein, die sich in Trends wie Postmoderne, Hightech-Architektur und Dekonstruktion niederschlägt. Unterbrochen wird die deutsche Moderne von 1933–45 durch den Monumentalismus der Nationalsozialisten.

Falling Water

Neue Sachlichkeit und Internationaler Stil

„Ich würde sagen, dass es unserem Schönheitssinn sehr gut täte, wenn wir uns für eine Reihe von Jahren völlig der Anwendung von Ornamentik enthielten, damit unser Denken sich ganz auf die Herstellung gut geformter und in ihrer Nacktheit schöner Gebäude konzentrieren könnte", schreibt der Chicagoer Hochhausarchitekt Sullivan 1892. Sein Schüler **Frank Lloyd Wright** (1869–1959) entwickelt daraus eine „organische Architektur", die sich bestmöglich in die Landschaft einfügen soll. Seine *Präriehäuser* (ab 1897) werden immer offener und durchlässiger für die Natur. Die Veröffentlichung seines Frühwerks 1910 in Deutschland, das zu einem einjährigen Europaaufenthalt Wrights führt, inspiriert diejenigen europäischen Künstler und Architekten, die ebenfalls einen neuen Weg jenseits des Ornaments suchen. „Unsere Begegnung mit ihm sollte für die europäische Entwicklung von entscheidender Bedeutung werden", bekennt **Ludwig Mies van der Rohe** (1886–1969).

Grundzüge der Architektur

In der modernen Architektur wird Sullivans Vorschlag, auf Ornamente zu verzichten, radikal verwirklicht. Nur die ornamentlose Kunst, heißt es in einem Manifest der holländischen Avantgardebewegung **de Stijl** von 1917, führe zur größtmöglichen Reinheit der baukünstlerischen Komposition, bei der jedes Teil aufeinander bezogen und der ganze Bau im Gleichgewicht sei. Die streng geometrischen Baukörper werden immer transparenter und variabler und von allen als überflüssig empfundenen Details befreit. Dazu gehören vor allem steile Dächer sowie innere und äußere Wände. Diese werden durch immer größere Glasflächen ersetzt. Was übrig bleibt, ist meistens strahlend weiß gestrichen. Anstelle der Ausrichtung an einer Mittelachse tritt eine ausgewogene Asymmetrie. Die neue, offene Bauweise soll der Stellung des Menschen in einer veränderten Welt entsprechen, in der kein starres Gesellschaftssystem mehr allem seinen festen Platz zuweist. Am weitesten wird die Entmaterialisierung der Bausubstanz von Mies van der Rohe getrieben. Sein viel bewunderter *Deutscher Pavillon* für die Weltausstellung in Barcelona 1929 hat zwischen Boden- und Deckenplatte nur noch Glas, glänzende Chromsäulen und einige quer gestellte Trennscheiben aus edlem Stein. Das Mobiliar ist auf einige wenige, elegante Stühle reduziert, die Mies van der Rohe ebenfalls selbst entworfen hat und die unter dem Namen „Barcelona-Chair" bekannt werden.

? Schon gewusst?

Das sprichwörtliche Glashaus steht in New Canaan, Connecticut. 1949 treibt Philipp Johnson Mies van der Rohes Transparenz auf die Spitze. Sein Glass House ist vollkommen durchsichtig. Lediglich das Bad wird durch einen Backsteinzylinder im Inneren vor neugierigen Blicken geschützt.

Werkbund und Bauhaus

Entscheidend für die Entwicklung des neuen Stils sind die Ausstellungen des **Deutschen Werkbundes** und das Bauhaus in Dessau. Im Werkbund schlossen sich 1907 Künstler, Handwerker und Kunstexperten zusammen, um ihre Produkte besser zu vermarkten, aber auch, um neue, material- und funktionsgerechte Formen zu finden, die künstlerischen Anspruch mit den Anforderungen des Alltags im 20. Jh. verbinden. Seine spektakulärste Ausstellung findet 1927 in Stuttgart-Weißenhof statt, zu der eine Siedlung gebaut wird, für die 16 führende Architekten wie Behrens, Gropius, Mies van der Rohe, **Charles-Edouard Jeanneret** (1887–1965), gen. **Le Corbusier**, **Jacobus Johannes Pieter Oud** (1890–1963), der Mitbegründer von „de Stijl“, aber auch Expressionisten wie **Bruno Taut** (1880–1938) und **Hans Scharoun** (1893–1972) modellhafte Wohnhäuser entwerfen.

Das Bauhaus entsteht 1919 aus der Kunstgewerbeschule in Weimar, zu deren neuem Leiter Walter Gropius berufen wird. Er benennt die Schule sofort um und lässt das Wort „Kunst“ verbieten. Ihm schwebt ein Zentrum in der Tradition mittelalterlicher Bauhütten vor, in dem alle gestalterischen Disziplinen wie Architektur, Kunstgewerbe und Grafik im Kollektiv an einer neuen Gesamtarchitektur arbeiten, die alte Handwerkertugenden mit den Bedingungen des Industriezeitalters in Einklang bringt. Im Mittelpunkt steht die Funktionalität. Die Forschung, wie man die elementaren Anforderungen an einen Wohnraum auf möglichst kleinem Grundriss optimieren kann, um in der Nachkriegszeit preiswerte, aber qualitativ hochwertige Wohnungen für alle schaffen zu können, nimmt neben der Entwicklung einer neuen Ästhetik breiten Raum ein. Das Bauhaus wird zur einflussreichsten Bildungsstätte für Architektur des 20. Jhs. Trotzdem ist es seit Mitte der 1920er-Jahre so heftigen Anfeindungen von rechts ausgesetzt, dass es 1926 nach Dessau umziehen muss. Auch die *Weißenhofsiedlung* wird mit einer nationalistisch gefärbten Kritik übergossen. Da ist von „italienischen Bergnestern“, „orientalischer Dachlosigkeit“ und einem „Versuchsfeld fanatischer Weltverbesserer“ die Rede, das sich „der Deutsche, der seine Heimat liebt“, nicht gefallen lassen dürfe. Während ausländische Korrespondenten voll Staunen von den modernsten Häusern der Welt sprechen, wendet man sich in Deutschland schon wieder dem Historisierendem, Ländlich-Gemütlichen zu.

Die neuen Wohnmodelle

Die soziale Komponente ist ein elementarer Bestandteil der Neuen Sachlichkeit, wie sie das Bauhaus vertritt. Sie hat ihre Wurzeln in der Gartenstadtbewegung, die **Ebenezer Howard** (1850–1928) mit seinem Buch *To-morrow – A peaceful way to urban reform* (1898) einleitet. Man ist der Meinung, dass die Stadtbewohner vor allem Licht, Luft und Sonne sowie ein neues Gemeinschaftsgefühl nötig haben. „Vergrößert die Fenster, spart an Wohnraum“, fordert Gropius deshalb. Wohnanlagen sollen den

Platz für Gärten und Parks schaffen und gleichzeitig den Zusammenhalt stärken. 1909 entsteht die *Gartenstadt Hellerau* bei Dresden. In den 1920er-Jahren baut Bruno Taut in Berlin 19 Siedlungen, unter denen die *Hufeisensiedlung* in Berlin-Britz (1925–1931) herausragt. Im Gegensatz zu den Puristen der Neuen Sachlichkeit gestalt er seine Fassaden jedoch mit viel Farbe, was zu dem Spitznamen „Papageiensiedlung" führt.

Die spektakulärsten und radikalsten neuen Wohnideen stammen von Le Corbusier. Bereits 1914 stellt er ein System namens „Domino" vor, das aus drei Betonplatten, vier Stützen und einer Treppe besteht. Den Rest kann sich der Bauherr aus einem Katalog aussuchen. Le Corbusier orientiert sein Grundmodul an den menschlichen Proportionen und legt die optimale Raumhöhe auf 2,26 Meter fest. Seine Bauten stellt er gerne auf Stelzen (**Pilotis**), um sie „der Feuchte des Erdreichs" zu entziehen, aber auch, um Verkehrswege darunter durchzuführen. Ebenso liebt er Dachgärten. Da die Städte längst keinen lebendigen Organismus mehr darstellen, fordert er eine radikale Trennung der Funktionen. Wohngebäude dürften nicht länger an Verkehrsstraßen aufgereiht werden, sondern sollten – inklusive der benötigten Infrastruktur – als Wolkenkratzer im Grünen stehen. Seine Vorstellung verwirklicht er 1952 mit der *Unité de habitation* in Marseille, die wie der Vorläufer aller Plattenbauten erscheint. Allerdings haben alle Zimmer der 337 Wohnungen Balkons Richtung Alpen und Meer. Im siebten und achten Stock befindet sich eine Ladenstraße und auf dem Dach eine Freizeitlandschaft mit Theater, Kindergarten, Plantschbecken, Joggingbahn und Sonnenterrasse.

Der Internationale Stil

1932 stellt die Ausstellung *The International Style, Architecture since 1922* in New York 50 Werke zeitgenössischer Architekten vor. In der Begleitschrift fordert **Philipp Johnson** (geb. 1906) einfache, preiswerte und nüchterne Gebäude, die sich an den Bauhaus-Bauten orientieren. In Amerika haben Sullivan und Wright nicht Schule gemacht. Es herrscht noch der Neoklassizismus vor und Wolkenkratzer wie das *Chrysler* (1928–30) und das *Empire State Building* (1929–32) in New York werden im Stil des **Art déco** geschmückt. 1938 emigriert Mies van der Rohe in die Vereinigten Staaten. In seinem Gepäck ist ein Entwurf für ein Hochhaus mit vorgehängter Glasfassade, das eigentlich am Bahnhof Berlin-Friedrichstraße stehen sollte. 1948–51 verwirk-

Empire State Building, New York

licht er das Konzept an den *Lake Shore Drive Appartements* in Chicago. Die zwei kantigen, vollverglasten Türme bedeuten einen radikalen Bruch mit der gegliederten Fassade früherer Hochhäuser. Beim *Seagram Building*, das Mies van der Rohe 1954–58 zusammen mit Philipp Johnson an der Park Avenue in New York baut, tönt er das Glas bronzefarben und verkleidet auch die Sprossen der Vorhangfassade mit Bronze. Das edle neue Design erweckt große Begeisterung. Jede Stadt will ihr *Seagram*. Ganze Büros konzentrieren sich auf Nachbauten im „Mies"-Stil. Überall gibt es nur noch gerade Linien, rechte Winkel und Glasfassaden. Allerdings werden in der Regel weder die künstlerische Sorgfalt

? Schon gewusst?

Einer der ersten Warner vor zu viel Rationalismus ist **Alvar Aalto** (1898–1976), der unter den Modernisten als besonders sensibler Architekt gilt, der nie den Bezug zu den Nutzern seiner Gebäude und den Traditionen seiner finnischen Heimat verliert. Funktionalismus sei erst dann gerechtfertigt, sagt er, wenn psychophysische Gesichtspunkte miteinbezogen würden. Dies sei der einzige Weg zu einer humanen Architektur.

noch die hochwertigen Materialien verwendet, die elementar zu Mies van der Rohes Architektur gehören. Auch die genormten Innenräume haben nicht mehr viel mit seiner offenen Architektur zu tun.

Bauhaus, Dessau (1925–26)

Als das Bauhaus von Weimar nach Dessau umziehen muss, hat Walter Gropius die Gelegenheit, mit dem neuen Schulgebäude ein idealtypisches Ensemble im Bauhausstil zu schaffen. Der Komplex besteht aus drei asymmetrisch, aber rechtwinklig miteinander verbundenen Gebäuden. Alle haben flache Dächer, gerade Formen und weiße Wandflächen, gegen die schwarze Eisenteile einen kräftigen Kontrast bilden. Die unterschiedliche Gestaltung der Fassaden macht die Funktion deutlich. Das Werkstattgebäude hat eine durchgehende, gläserne Vorhangfassade, die dem lang gestreckten Quader etwas Leichtes gibt. Das dreistöckige Lehrgebäude wird durch horizontale Bänder gegliedert. Schmale weiße Mauerstreifen wechseln sich mit breiteren Fensterbändern ab. Am Studentenwohnheim, einem sechsstöckigen Turm, markieren Drillingsfenster die Breite jedes Appartements. Die kleinen quadratischen Balkons mit der schwarzen Eisenreling wirken wie aus der Wand geklappt. Verbunden sind die Gebäude durch den lang gestreckten Verwaltungstrakt, der auf hohen Stelzen die Zufahrtsstraße überspannt. Auf dieser „Kommandobrücke“ hat Gropius selbst sein Zimmer und Privatatelier. Bei der Fertigung des Ensembles erprobt er neue Methoden mit vorgefertigten Elementen.

Parlamentsgebäude, Brasília (1957–64)

„Oscar, Architektur ist in erster Linie Erfindung“, soll Le Corbusier seinem Schüler **Oscar Niemeyer** (geb. 1907) gesagt haben. Allerdings bevorzugt der Brasilianer bei seinen Erfindungen weichere Kurven und einen größeren Symbolgehalt als sein Lehrer. Außerdem ist es ihm wichtig, dass seine Gebäude immer einen Effekt der Überraschung haben. Mit dem Parlament von Brasília hat er ein Ensemble geschaffen, das die Kulisse der Stadt dominiert. Die neue brasilianische Hauptstadt ist ein Werk vom Reißbrett, wie es Le Corbusier vorschwebte. Der Grundriss von **Lúcio Costa** (1902–98) hat die Form eines Flugzeuges, das den Aufbruch in moderne Zeiten symbolisiert. Auf den „Flügeln“ stehen die Wohnblocks auf Stelzen im Grünen abseits der großen Verkehrsadern. Den „Rumpf“ bildet ein sechs Kilometer langer Grünstreifen mit Straßen an beiden Seiten. An ihm sind die öffentlichen Gebäude aufgereiht. Der Blick entlang der Achse führt zum dreieckigen *Platz der drei Gewalten.* Präsidentenpalais und Oberster Gerichtshof werden jedoch von den Bauten der Volksvertretung völlig in den Schatten gestellt. Im Zentrum eines großen, weiten Platzes von kühler Eleganz ruhen auf einem lang gestreckten Flachbau eine trichterförmige Schale und eine umgedrehte Kuppel. In der Schale, die einem Gefäß gleicht, in dem die Wahlstimmen des Volkes gesammelt werden, ist das Abgeordnetenhaus untergebracht, unter der konzentriert wirkenden Kuppel der Senat. Zusammen ergeben sie eine Einheit. Auf das Dach des Flachbaus führt eine breite Rampe und macht es zu einem erhöhten Platz. Im Kontrast zu dem langgestreckten Gesamtkomplex wird die Vertikale durch die beiden hohen Türme des Abgeordnetenhauses betont. Von weitem hat das Ensemble nichts Gebäudehaftes an sich, sondern wirkt wie ein surreales Gemälde.

? Schon gewusst?

Brasília wurde innerhalb von fünf Jahren aus dem Boden gestampft. Allerdings hatte man vergessen, Wohnraum für die 40.000 Arbeiter einzuplanen. Sie mussten in Slums leben. Auch der Plan, die Bevölkerung strikt auf eine halbe Million zu beschränken, ließ sich nicht durchhalten. Heute sind es drei Millionen.

Platz der drei Gewalten, Brasilia

Expressionismus und Plastische Architektur

Die so genannte expressive Architektur entwickelt sich zu Beginn des 20. Jhs. aus dem Jugendstil, parallel zum Expressionismus in der Malerei.

Bei der Ausstellung des Werkbundes in Köln 1914 können die Besucher einen Glaspavillon von Bruno Taut und eine Modellfabrik von Gropius und Meyer für den Kontrast zwischen expressiver und funktionaler Architektur sehen.

Doch es gibt trotz aller Unterschiede auch sehr vielfältige Verbindungen. Gropius gehört dem von Taut 1918 gegründeten **Arbeitsrat für Kunst** an und nimmt an seinem Briefwechsel *Die gläserne Kette* teil, in dem zwanglos Ideen ausgetauscht werden. Allerdings werden nur wenige expressionistische Bauten verwirklicht und die Künstler passen sich mehr und mehr den pragmatischen Bedürfnissen der Weimarer Republik an.

In den 1950er-Jahren kommt mit dem Plastischen Stil wieder eine expressive Architektur auf, die zwar viel Beachtung findet, aber ebenfalls nicht über die Rolle einer Ergänzung zur vorherrschenden funktionalen Architektur hinauskommt.

Grundzüge der Architektur

In der expressiven Architektur steht die Wirkung des Gebäudes im Mittelpunkt. Die Künstler suchen nach neuen Formen, um eine bestimmte Aussage zu transportieren. Konstruktive Überlegungen, Material und Funktion treten dahinter zurück und spielen nur eine dienende Rolle. Das Gebäude soll den Betrachter auf einer irrationalen, emotionalen Ebene unmittelbar ansprechen. **Erich Mendelsohn** (1887–1953), einer der führenden Vertreter des deutschen Expressionismus, fordert pathetisch: „Formt mit der Dynamik eures Blutes die Funktionen der Wirklichkeit, erhellt ihre Funktionen zu dynamischer Übersinnlichkeit.“ Doch wie die Vertreter der Neuen Sachlichkeit setzen die Expressionisten ganz auf die Form ihrer Gebäude, nicht auf Ornamente. Sie benutzen auch die modernen Baustoffe. Glas ist wegen seiner transzendenten Wirkung, Beton wegen seiner Formbarkeit beliebt.

Der Expressionismus

Wie schon Antonio Gaudí betrachten auch die Expressionisten ein Bauwerk als Skulptur, das es zu gestalten gilt, wenn ihre Formen auch schmuckloser und zugespitzter sind als im Jugendstil. Eines der fantasievollsten Gebäude stellt Mendelsohns *Einstein-*

turm auf dem Telegrafenberg bei Potsdam dar. Das Gebäude, das er 1919–21 als Observatorium baut, schiebt sich wie die Aufbauten eines U-Bootes aus dem Boden – mit einem großen Spiegel an der Spitze. Alle Kurven, sei es der Eingang mit seinen weit ausladenden Armen, seien es die tiefen Fenster, die Blick in ein geheimnisvolles Reich zu gewähren scheinen, sind organisch aus der Grundform abgeleitet. Der Turm ist kein statisches Gebilde, sondern ein Gebäude, das den Betrachter spüren lässt, dass hier etwas passiert. Bautechnisch weist der *Einsteinturm* jedoch erhebliche Mängel auf und muss immer wieder saniert werden. Die technischen Beschränkungen und das Fehlen reicher Mäzene in der Nachkriegszeit führen dazu, dass relativ wenige Entwürfe auch gebaut werden. Lediglich in Norddeutschland, Skandinavien und den Niederlanden entsteht eine Reihe von unverputzten Backsteinbauten mit effektvollen Fassaden, z. B. das *Chilehaus* (1922 bis 1923) in Hamburg, ein riesiger Bürokomplex mit fast 3000 identischen Fenstern. Doch **Fritz Höher** (1877–1949) verleiht dem Koloss Dramatik, indem er eine Ecke steil nach oben zieht. Mit dem *Chilehaus*, so sagt Höher, habe er einen gotischen Bau ohne einen einzigen Spitzbogen geschaffen, der sowohl über Historismus wie Neue Sachlichkeit triumphiere.

Der Plastische Stil

Nach dem Zweiten Weltkrieg stellt der Plastische Stil einen Gegenentwurf zur Rationalität und vor allem zur zunehmenden Schematisierung der funktionellen Architektur dar. Die Formen sind meist geschwungen und der Natur entlehnt, es gibt aber auch geometrische Bauten wie Hans Scharouns *Berliner Philharmonie* (1960–78). Aus mehreren mitein-

TWA-Terminal des John F. Kennedy International Airport, New York

ander verschnittenen Fünfecken gestaltet er ein verwinkeltes Zelt, was zu einer ausgezeichneten Akustik führt und dem Bau den Spitznamen „Zirkus Karajani" einbringt. Im Gegensatz zur Epoche des klassischen Expressionismus erlaubt der neue Spannbeton noch kühnere und bizarrere Formen. Außerdem finden sich nun Auftraggeber für expressive Großbauten, denn diese garantierten – jenseits aller ästhetischen Vorlieben – einen extrem hohen Wiedererkennungswert. So verleiht **Eero Saarinen** (1919–61) dem *Trans World Airlines Terminal* des heutigen *John F. Kennedy International Airport* in New York (1956–62) das geschwungene Profil von Vogelflügeln. Das *Opernhaus von Sydney* (1957–1973, Jørn Utzon) dagegen liegt wie ein Schiff mit stolz geblähten Segeln im Hafen der Stadt.

Exkurs: Der Stil der Diktatoren

Sowohl die Architektur des Faschismus als auch die von Stalins Repräsentativbauten sind expressiv in dem Sinn, dass auch hier die Wirkung, nicht die Funktion im Mittelpunkt steht. Sie sind jedoch nicht modern, sondern knüpfen an den Historismus an. Hitler persönlich bevorzugte den Neobarock, sein Baumeister **Albert Speer** (1905–81) den Neoklassizismus. Streng symmetrisch, vergröbert in der Gestaltung und ins Monumentale verzerrt entwickeln seine Bauten eine einschüchternde, kalte Pracht. In der Sowjetunion baut man ähnlich massig, überzieht die Bauten aber meist mit pathetischen Dekors. Für die Stationen der *Moskauer U-Bahn* (1931–35), die Palästen gleichen, suchen die Baumeister aus alten Architekturalben die schönsten Details vom antiken Kapitell über den gotischen Kreuzgang bis zu den Stuckgirlanden des Rokoko aus. In Italien dagegen begreift man in den 1920er-Jahren den Faschismus als moderne Bewegung, was sich in kühlen, rationalen Prachtbauten und einer Verherrlichung von Maschinen und Tempo niederschlägt. In den 1930er-Jahren jedoch gleicht sich der Stil dem deutschen an.

Guggenheim Museum, New York (1956–59)

Anfang der 1940er-Jahre gibt **Salomon R. Guggenheim** (1861 bis 1949) Frank Lloyd Wright den Auftrag, ihm ein Haus für seine Bilder zu bauen, wie es die Welt noch nicht gesehen hat. Als Wright jedoch eine aufgerollte Spirale vorschlägt, in der die Bilder wie auf einer Filmrolle am Betrachter vorbeiziehen, schlagen die Künstler Alarm. Es sei unmöglich, ihre Werke an gekrümmten Wänden aufzuhängen. In der Tat

Guggenheim Museum, New York

begrenzt der außergewöhnliche Grundriss die Möglichkeiten für Ausstellungen. Auch großformatige Bilder können nicht gezeigt werden. Außerdem tritt der Raum in Konkurrenz zu den ausgestellten Werken. Trotzdem halten Guggenheims Erben an dem Entwurf fest. Wright will einen Bau schaffen, in dem die Räume ineinander übergehen und nicht aufeinander geschichtet sind. Der Besucher muss sich die Bilder auf der sanft ansteigenden Spirale, die rund um einen überkuppelten Innenraum gewunden ist, langsam erwandern. Die Richtung ist klar vorgegeben, die Reihenfolge ebenfalls. Allerdings ist von jedem Standpunkt aus ein guter Blick auf den ganzen Raum und andere Kunstwerke gegeben. Wrights Museum ist kein Aufbewahrungsort für Kunst, sondern Teil der Inszenierung. Auf die äußere Umgebung nahm der Architekt im Gegensatz zu seinen *Präriehäusern* keine Rücksicht. Der runde weiße Bau, der nur durch das Spiralmuster gegliedert ist und sich nach oben leicht erweitert, domi-

? Schon gewusst?

Wright, der seine innovativen, fantasievollen Häuser – das spektakulärste ist *Fallingwater* (1934–37) in Pennsylvania – fernab der Großstädte baute, stand in den 1930er- und 1940er-Jahren völlig im Schatten von Mies van der Rohe, was dazu geführt haben soll, dass er lästige Fliegen auf seinem Zeichenbrett nach dem als seelenlos empfundenen Konkurrenten benannte.

niert alles. Wie die Kunst im Inneren muss sich auch die äußere Umgebung ihm anpassen, nicht umgekehrt.

Kirche Notre-Dame-du-Haut, Ronchamp (1952–54)

Die Wallfahrtskirche *Notre-Dame* in Burgund ist der Stein gewordene Beweis für die Vielseitigkeit Le Corbusiers. Ausgerechnet der radikalste Rationalist baut eines der eindrucksvollsten und emotionalsten Gebäude des Plastischen Stils. Nach einem eingehenden Studium der umgebenden Hügellandschaft modelliert er einen weißen, schiffartigen Körper mit gerundeten Wänden, den er mit einer geschwungenen braunen Kappe überzieht. Sie sei einem Krabbenschild auf seinem Schreibtisch nachempfunden, das er einmal auf Long Island gefunden habe, sagt er. Im Inneren fällt die Bodenfläche leicht ab, während sich die zeltartige Decke nach oben schwingt, sodass sich beträchtliche Höhenunterschiede ergeben. Ein schmales durchgehendes Fensterband direkt unter der Decke und kleine, in tiefen Höhlen liegende Buntglasscheiben schaffen zu jeder Tages- und Jahreszeit eine andere, mystische und intime Atmosphäre. Die geschwungenen Wände trennen mehrere Beträume für kleinere Pilgergruppen ab. Für die großen Wallfahrten hat Le Corbusier außen unter dem vorgezogenen Dach einen zweiten Altarraum geschaffen. Das Gnadenbild, eine Marienstatue aus dem 17. Jh., steht in einem Glaskasten in der

Notre-Dame-du-Haut, Ronchamp

! Die neuen Kirchen

Notre-Dame, Paris-Raincy (1922, Auguste und Gustave Perret)
St. Engelbert, Köln (1932, Dominikus Böhm)
Gustav-Adolf-Kirche, Berlin-Siemensstadt (1934, Otto Bartnig)
Felsenkirche auf dem Tempelplatz, Helsinki (1939–69, Timo und Tuomo Suomalainen)
Kathedrale, Brasília (1959–70, Oscar Niemeyer)
Kirche auf dem Wasser, Tomamu, Japan (1985–88, Tadao Ando)
St. Barbara, Bärnbach bei Graz (1988, Friedensreich Hundertwasser)

Notre-Dame, Paris-Raincy

Wand zwischen innerem und äußerem Altar. Sie ist umgeben von einem Schwarm punktförmiger kleiner Fenster, die nach Le Corbusier die Sterne darstellen sollen. Es scheint, als hätte der Architekt, dessen Bilder und Skulpturen schon immer organischer waren als seine Bauten, hier im Sakralraum gewagt, auch seine emotionale, irrationale Seite in Architektur umzusetzen.

Gegenwart

Die Gegenwart ist gekennzeichnet durch ein Nebeneinander verschiedenster Stile. Die Postmoderne hat zwar in den 1970er-Jahren die funktionale Architektur infrage gestellt, jedoch kein schlüssiges neues Gesamtkonzept dagegensetzen können. Eine Rückkehr zu historischen Formen, wie teilweise gefordert, hat nicht stattgefunden, wohl aber eine größere Freiheit in den Stilmitteln und Bauelementen. Neben der ästhetischen Diskussion hat sich eine Hightech-Architektur entwickelt, die neue technische Lösungen sucht und auch sichtbar macht. Zu Beginn der 1990er-Jahre ist mit der Dekonstruktion wieder ein expressiver Stil entstanden, der Anhänger gewinnt, aber zugleich eine Gegenbewegung des funktionellen, nüchternen Bauens provoziert.

Grundzüge der Architektur

Aufgrund der großen Stilvielfalt können sich nur schwer gemeinsame Grundzüge der Gegenwartsarchitektur festmachen lassen. Alle stellen sie jedoch eine Abkehr vom überrationalisierten Einheitsstil der Nachkriegszeit dar. Die Architektur wird wieder stärker hinterfragt, gleichzeitig ist keine Richtung und Tendenz von vornherein ausgeschlossen. Sämtliche

Materialien existieren nebeneinander, Geschwungenes und Gerades, Hightech und Ökologie, Stahlskelette und Ziegelwände, Historisches, Bizarres und Nüchternes. Jeglicher Trend ist kurzlebig und wird als eine Möglichkeit unter vielen gesehen. Eine allgemein gültige Antwort zu geben, wie sie das Bauhaus versucht hat, scheint nicht mehr möglich. Mehr denn je hängt die Qualität eines Gebäudes davon ab, aus der Vielfalt der Möglichkeiten diejenigen zu einer gelungenen neuen Komposition zusammenzusetzen, die dem aktuellen Gebäude gemäß sind. Dabei ist es oft die Umgebung oder die Rücksicht auf historische Bausubstanz, die die innovativsten Lösungen provoziert, so wie die gläserne Pyramide im Hof des *Louvre*, unter der **Ioeh Min Pei** (geb. 1917) eine neue, moderne Eingangshalle für das Museum versteckt.

Die Postmoderne

1967, auf dem Höhepunkt der Mies-van-der-Rohe-Nachahmung, lässt der französische Filmemacher **Jacques Tati** (1907–82) seinen Film *Playtime* in einem Paris spielen, das nur noch aus solchen Bauten besteht. Weitere Signale zum Umdenken sind die zunehmenden Bauschäden, die sich an billig und schnell ausgeführten Gebäuden zeigen und die Studie des *Club of Rome* 1972, die der Euphorie über den technischen Fortschritt ein Ende setzt. 1966 schreibt **Robert Venturi** (geb. 1926) mit *Complexity and Cont-*

Gläserne Pyramide im Hof des Louvre, Paris

radiction in Architecture die Generalkritik an der Moderne. Er fordert polemisch „dekorierte Schuppen", konventionell gebaute Häuser, deren Fassade nach Belieben gestaltet werden kann. Dem Mies-van-der-Rohe-Motto „Less is more" setzt er „Less is a bore" entgegen. Der eigentliche Verdienst der Postmoderne besteht jedoch darin, dass sie – ähnlich wie die Pioniere der Neuen Sachlichkeit – wieder die Frage nach einer menschengerechten Architektur stellt. Es geht um eine bessere Stadtplanung, die die Verödung der Innenstädte und das Anwachsen anonymer Massensiedlungen in den Außenbereichen verhindert. Man fordert einen behutsameren Umgang mit Traditionen, vor allem auch in den ärmeren Ländern, und nicht zuletzt werden Umweltschutz und ökologisches Bauen zum Thema. Stilistisch bleibt die Postmoderne wage. In den USA gilt das New Yorker *AT&T Building* (1979–84) von Johnson als Wahrzeichen des neuen Stils. Es ist mit rosafarbenem Granit verkleidet, hat romanisch wirkende Eingangsbögen und einen Chippendale-Giebel, stellt ansonsten aber einen neuen Wolkenkratzer unter vielen dar. In Deutschland zählt die Erweiterung der *Stuttgarter Staatsgalerie* (1977–84) zu den besonders gelungenen Werken. **James Stirling** (1926–92) baut ein kompliziertes Gebäude mit moderner Linienführung und vielen historischen Anspielungen wie einem runden Skulpturenhof. Die gediegene Fassade aus Sandsteinziegeln kombiniert er mit wellenförmigen Fenstern, rot-blauen Geländern und grünen Fenstersprossen. Heute gibt es in der Postmoderne eine sehr konservative, funktionalistische Strömung, die „Less is more" mit historisierenden Ziegel- oder Steinfassaden verbindet (z. B. innerstädtische Nachwendebauten in Berlin).

? Schon gewusst?

Sullivan vollendete seine Überlegungen zu einer zeitweiligen Ornamentlosigkeit 1892 so: „Dann werden wir freilich gelernt haben, dass das Ornament geistig gesehen Luxus, nicht Notwendigkeit ist, denn wir werden die Beschränkungen wie auch den großen Wert schmuckloser Volumen erkannt haben."

Hightech-Architektur

Die Hightech-Architektur verfolgt den Ansatz, technische Neuerungen nicht nur zu benutzen, sondern zum Gegenstand der Kunst zu machen, wie es bei *Kristallpalast* oder *Eiffelturm* der Fall war. Ein frühes Beispiel ist die *Golden Gate Bridge* in San Francisco

(1933–37), die nicht nur die kalifornische Wirtschaft während einer ökonomischen Krise revolutioniert, sondern mit ihrer visionären Schönheit auch ein symbolisches Zeichen setzt. Im Stahlbetonbau schöpft vor allem **Pier Luigi Nervi** (1891–1979) die Grenzen des technisch gerade Machbaren aus (z. B. *Olympiastadion* in Rom, 1960). Eine neue Stahlnetzkonstruktion mit dünner Polyesterhaut von **Frei Otto** (geb. 1925) macht zuerst als Überdachung des *Deutschen Pavillons* bei der Weltausstellung in Montreal 1967 und fünf Jahre später als Zelt über dem *Münchener Olympiastadion* Furore. Entwickelt hat Otto die Konstruktion anhand von Spinnennetzen, die er mit Fixierlösung versteifte. Ein völlig neues Hochhauskonzept konstruiert Norman Forster für die *Hongkong und Shanghai Bank* (1979–85) in Hongkong. Es besteht aus einer Stahlhängekonstruktion mit acht Masten, die Pakete aus Büroetagen tragen. Das 50 Meter hohe Atrium wird über einen computergesteuerten Reflektor auf der obersten Etage beleuchtet, der gebündeltes Sonnenlicht auf einen Innenspiegel wirft. An der Südseite sind Kollektoren angebracht, die den Bewegungen der Sonne folgen.

Dekonstruktion

Die Dekonstruktion ist nach einer Ausstellung benannt, die Johnson 1988 in New York organisiert:

Olympiastadion, München

Centre Pompidou, Paris

Dekonstructuvist Architecture. Dieser neue, expressive Stil bricht übliche Formen auf und übersteigert sie ins Extreme. Dekonstruktive Architektur sieht oft aus wie verrutscht oder zerschmettert. Die glatte Perfektion wird gestört, filigranes Fensterwerk mit wuchtigen Mauern in bizarren Formen kombiniert. Die Funktionalität ist eher nebensächlich. Die dekonstruktive Architektur ironisiert die Festigkeit und Konzepthaftigkeit modernen Bauens. Sie will die alltägliche Wahrnehmung stören und ein neues Hinterfragen provozieren. Zu den bekannten dekonstruktiven Architekten gehören **Frank Owen Gehry** (geb. 1929), der das *Vitra Design Museum* in Weil am Rhein (1990) wie einen Haufen aufeinander geworfener Pappkartons gestaltet und das *Guggenheim Museum* in Bilbao (1991–97) wie eine malerische Anhäufung von Blechstreifen, sowie **Zaha Hadid** (geb. 1950), deren *Feuerwache in Weil* (1989–93) mit den spitz nach oben gezogenen Ecken gleichzeitig an das *Chilehaus* erinnert und doch eine andere Generation darstellt.

Centre Pompidou, Paris (1971–77)

Die Experimentierfreude der frühen 70er-Jahre des 20. Jhs. schenkt Paris einen der spektakulärsten Hightechbauten. Das *Centre Pompidou* scheint geradewegs aus dem Weltraum in der französischen Hauptstadt gelandet zu sein. **Renzo Piano** (geb.1937) und **Richard Rogers** (geb. 1933) kehren die gesamte Haustechnik nach außen. Der sechsstöckige, verglaste Koloss ist mit blauen Entlüftungsrohren, grünen Wasserleitungen, gelben Röhren für elektrische Leitungen sowie roten Aufzügen und Rolltreppen umgeben. Die Stadtverwaltung wollte mit dem *Centre Pompidou* ein neues kulturelles Zentrum für ein breites Publikum schaffen. Piano und Rogers machen daraus eine kulturelle Versorgungsstation, die wie ein riesiger Organismus Menschen wie Materialien aufsaugt und – verändert – wieder von sich gibt. Piano bezeichnet das *Centre* als Parodie des Akademischen. Neben den Versorgungseinrichtungen ist auch das tragende Gerüst ganz nach außen verlagert. Im Inneren haben die Geschosse keinerlei fixe Zwischenwände und können deshalb schnell und flexibel umgebaut werden. Da der Bau nur die Hälfte der zur Verfügung stehenden Fläche benötigt, ist auch noch ein großer, öffentlicher Platz entstanden, der intensiv genutzt wird. Nachts verändert sich die Optik des *Pompidou* völlig. Anstelle der bunten und glitzernden Rohre dominiert das Licht hinter der Glasfassade und zeigt die Silhouetten der Besucher.

Jüdisches Museum, Berlin (1989–2001)

Der Neubau von **Daniel Libeskind** (geb. 1946) war schon ein Publikumsmagnet, bevor das Museum überhaupt eröffnet wurde. 350.000 Menschen kamen, das leere Gebäude zu besichtigen, das ein Fragment eines zerschlagenen Davidsterns darzustellen scheint. Libeskind fand seine Form, indem er Arbeits- und Wohnorte berühmter deutscher Juden wie Rahel Varnhagen oder Paul Celan auf einer Karte mit Linien verband. Ebenso zerstört präsentiert sich die glänzende Zinkfassade, die sich mit der Zeit durch Oxidation noch verändern wird. Sie ist durchsetzt mit Fensterfragmenten, die teils wie die Scherben eines Spiegels wirken, teils als dünne Linien die Wand durchschneiden. Vor allem neben dem barocken Eingangsgebäude erscheint der Libeskind-Bau kaum noch als Gebäude, sondern als apokalyptisches Zeichen. Wer das Museum besuchen will, muss durch das Untergeschoss, wo sich drei Achsen kreuzen. Die der Kontinuität führt über eine steile Treppe ins Museum, die des Exils über unebenen Boden in einen Garten der Emigration und die Achse des Holocausts mündet in einem unwirtlichen Betonturm mit schweren Eisentüren. Es gab viele Befürchtungen, dass die Wirkung des Baus mit den Ausstellungsgegenständen verloren geht, denn wohl noch nie vorher haben dekonstruktive Architektur und das Thema eines Gebäudes so gut zusammengepasst. Libeskind jedoch betont, er habe ein Museum der gemeinsamen Geschichte von Juden und Deutschen, kein Holocaust-Denkmal bauen wollen. Auch die Assoziationen an einen Blitz oder zerbrochenen Davidstern möchte er in neueren Interviews nicht mehr so stehen lassen. Fast macht es den Eindruck, als wäre dem Architekten die durchschlagende Wirkung seines Werkes unheimlich geworden. Er bezeichnet den im Zickzack gewundenen Weg durch die Ausstellung als Linie der Verbundenheit. Sie wird allerdings durch eine gerade Linie der Leere durchschnitten, die immer, wenn sie auf das Gebäude trifft, leere Räume zurücklässt, ein Sinnbild für das Vakuum, dass die Vernichtung der Juden im Dritten Reich in Deutschland zurückgelassen hat.

Das Museum wurde am 10. September 2001 eingeweiht. Am Tag darauf fand das Attentat auf das *World Trade Center* statt. Die Türme sollen zusammen mit einem Mahnmal wieder aufgebaut werden – vom Architekten des *Jüdischen Museums.*

Register

A

„Asamkirche“ St. Johann Nepomuk, München 75
Abakus 8
Abtei, Ottobeuren 75
Abteikirche, Cluny 37
Abteikirche, Maria Laach 33, 34
Akropolis, Athen 9, 10, 12, 13, 91
Ambo 27
Amphitheater 21
Antentempel 6
Anuli 8
Aphaiatempel, Ägina 6
Apollontempel, Bassai 9, 10
Apostelkirche, Konstantinopel 28
Aqua Claudia 17
Aqua Marcia 17
Ara Pacis Augustea, Rom 18
Arc de Triomphe, Paris 89
Architrav 7, 8, 26, 35, 41
Artemistempel, Ephesus 6
Artemistempel, Korfu 9
Athenetempel, Delphi 6
Atlanten 70
Augustusmausoleum, Rom 18

B

Baptisterium, Florenz 52
Baptisterium, Pisa 25, 38
Basilika 26, 27
Bergfried 36
Biblioteca Laurenziana, Florenz 64
Blendarkaden 34
Brandeburger Tor, Berlin 87, 90, 92
British Museum, London 88

C

Caldarium 20
Calfactorium 36
Campanile, Pisa 38
Cappella della S. Sindone, Turin 72
Caracalla-Ruinen, Rom 20
Cella 7
Centre Pompidou, Paris 121, 122
Cestiuspyramide, Rom 18
Château de Vaux-le-Vicomte, Versailles 75
Chinesisches Teehaus, Sanssouci 85
Chor 38, 39, 40, 41
Circus Maximus, Rom 21
Cloaca Maxima, Rom 16
Columbarien 17
Corps de Logis 74
Cortile 53
Cuvilliéstheater, München 82

D

Decumanus 24
Dekonstruktion 105
Dienst 38, 40
Diokletiansmausoleum, Split 18
Dionysostheater, Athen 12
Dipteros 6
Dom S. Maria Assunta, Pisa 38
Dom St. Maria und Stephan, Speyer 37
Dom, Berlin 95
Dom, Florenz 45, 50, 55, 63
Dom, Köln 41, 44, 45, 48, 49, 94
Dom, Linz 93
Dom, Magdeburg 44
Dom, Siena 41
Donaubrücke, Dobreta 20
Donjon 61
Doppelantentempel 21
Dormitorium 36
Dreifaltigkeitskirche, Kappel/Waldsassen 75
Dreifaltigkeitskirche, Salzburg 74

E

Echinus 8
Eiffelturm, Paris 99, 119
Einsteinturm, Potsdam 112, 113

Empire State Building,
New York 109
Emporen 35
Epidauros 5, 13
Erechtheion, Athen 6, 9, 11, 23
Eremitage, Bayreuth 82
Escorial, Madrid 67

F
Felsenkirche, Helsinki 117
Fensterrosette 42
Fiale 43
Frauenkirche, Dresden 80
Fries 7, 8, 10, 12, 58
Frigidarium 20
Fuggerei 65
Fuggerkapelle, Augsburg 65

G
Geburtskirche, Bethlehem 28
Georgskathedrale, Jurjew-Polski 28
Gläserne Pyramide im Hof des
Louvre, Paris 118
Glypthotek, München 92
Golden Gate Bridge,
San Francisco 119
Guggenheim Museum, Bilbao 121
Guggenheim Museum,
New York 114, 115
Gurtbögen 33, 34
Gustav-Adolf-Kirche,
Berlin-Siemensstadt 117

H
Hadriansbogen, Athen 18
Hadriansmausoleum, Rom 18
Hagia Sophia, Kiew 28, 30
Heilandskirche, Sakrow 95
Hermenpilaster 70
Hochzeitshaus, Hameln 66
Hofburg, Wien 96
Hoftheater, Dresden 95
Hôtel Tassel, Brüssel 101
House of Parliament, London 93
Hypokausten 20

I
Il Gesù, Rom 61, 66, 71, 88
Insulae 24
Invalidendom St. Louis, Paris 77

J
Jesuitenkolleg, München 66
Joch 33, 34, 40
John F. Kennedy International
Airport, New York 113, 114
Jüdisches Museum, Berlin
122, 123

K
Kaiserpfalz, Goslar 32
Kanneluren 8
Kapitell 8
Kapitol, Washington 78, 89
Kapitolsplatz, Rom 66
Karlskirche, Wien 75
Karyatiaden 8
Kathedrale, Amiens 41, 45
Kathedrale, Brasília 117
Kathedrale, Canterbury 44
Kathedrale, Durham 33
Kathedrale, Exeter 44
Kathedrale, Gloucester 44
Kathedrale, Lincoln 44
Kathedrale, Salisbury 44
Kathedrale, Santiago de
Compostela 36, 37
Kathedrale, St-Denis 40, 42
Kathedrale, Wells 44
Kathedrale, York 44
King's College Chapel,
Cambridge 44, 45
Kirche auf dem Wasser,
Tomamu 117
Klausur 36
Kloster, Cluny 34
Kloster, Weingarten 71, 74
Klosterkirche, Reichenau-
Mittelzell 32
Klosterkirche, Weltenburg 74
Klosterkirche, Zwiefalten 75

Klosterkirchen 32
Klosterplan St. Gallen 35
Kolossalordnung 61
Kolosseum, Rom 5, 15, 20, 21
Kompositkapitell 15
Konchen 30
Königsplatz, München 91, 92
Konstantinsbogen, Rom 18
Krabbe 43
Kreuzgewölbe 16, 32, 38
Kreuzgratgewölbe 33, 37
Kreuzkuppelkirche 27
Kreuzrippengewölbe 33, 39, 44
Krypten 34

L

La Rotonda, Vicenza 65
Lichtgaden 16
Liebfrauenkirche, Trier 44
Lisenen 38
Louvre, Paris 60, 73
Lysikratesdenkmal, Athen 9

M

Markgräfliches Opernhaus, Bayreuth 82
Markuskirche, Venedig 27
Maßwerk 42
Mathildenhöhe 100, 103
Matroneum 31
Maxentiusbasilika, Rom 61
Megaron 6
Metopen 8, 12
Monopterus, München 6
Münster, Freiburg 43
Münster, Bern 94
Münster, Essen 32
Münster, Straßburg 43, 44
Münster, Ulm 47, 94

N

Narthex 26
Natatio 20
Neue Wache, Berlin 90
Niketempe, Athen 6, 9
Notre Dame de la Paix, Elfenbeinküste (Elfenbeinküste) 63
Notre-Dame, Chartres 41, 43, 45, 46, 47
Notre-Dame, Paris 41, 42
Notre-Dame, Paris-Raincy 117
Notre-Dame, Poitiers 35
Notre-Dame, Reims 41, 47, 48
Notre-Dame-du-Haut, Ronchamp 116

O

Oberer Belvedere, Wien 79
Obergade 26, 46
Olympiastadion, München 120
Oper, Paris 94, 95
Opernhaus, Sydney 114
Orchestra 12
Ornamentierung 43

P

Palaistra 14
Palas 36
Palazzo Farnese, Rom 61
Palazzo Medici, Florenz 56
Palazzo Piccolomini, Pienza 54
Palladianismus 64
Palladiomotiv 65
Pantheon, Rom 16, 22, 23, 54, 55, 63, 85, 88, 89
Parthenon, Athen 6, 9, 10, 11, 12, 88
Pendentifs 27
Pergamonmuseum, Berlin 14
Petersbasilika, Rom 58
Petersdom, Rom 22, 58, 59, 62, 63, 67, 71, 72, 78, 88
Philarmonie, Berlin 113
Piazza della S.S. Annunziata, Florenz 54
Piazza dei Miracoli, Pisa 38
Piazza Navona, Rom 72
Pilaster 15
Pilotis 108
Place de Victoires, Paris 73

Place Vendôme, Paris 73
Platz der drei Gewalten,
Brasilia 111
Pons Aemilius, Rom 17
Pons Fabricius, Rom 17
Pont du Gard, Paris 15, 17
Portlandzement 97
Poseidontempel, Paestum 9
Presbyterium 31
Propyläen, Athen 9, 87
Prostylos 6
Pseudoperipteros 15
Puzzolan 15

Q
Querhaus 33, 38, 39, 41, 45
Quertonnen 33

R
Rathaus, Augsburg 67
Rathaus, Bremen 66
Refektorium 36
Reichstag, Berlin 96, 97
Residenz ,Würzburg 70, 71, 82
Rheinbrücke 17
Rippenbogen 39
Risaliten 73
Rocaille 80
Rotunde 23
Rundbogen 32, 34, 38, 39
Rustika 53

S
S Andrea al Quirinale, Rom 72
S. Andrea 60, 61
S. Apollinare in Classe, Ravenna 29
S. Apollinare Nuovo, Ravenna 29
S. Carlo alle Quattro Fontane,
Rom 72
S. Croce, Florenz 45
S. Francesco, Assisi 42
S. Giovanni, Laterno 26
S. Ignacio, Rom 71
S. Ivo della Sapienza, Rom 72
S. Lorenzo, Florenz 51, 55, 64
S. Marco, Venedig 28
S. Maria del Fiore, Florenz 54
S. Maria Maggiore, Rom 26
S. Maria Novella, Florenz 45, 53
S. Maria presso S. Satiro,
Mailand 58
S. Paolo fuori le mura, Rom 26
S. Pietro in Vaticano 59
S. Pietro, Montorio 57, 58
S. Sabina, Rom 26
S. Salvador de Bahia, Bahia 73
S. Salvatore, Ravenna 29
S. Spirito, Florenz 55, 56, 61
S. Vitale, Ravenna 29, 31
S. Zeno, Verona 35
Sacré Coeur, Paris 95
Sagrada Familia, Barcelona 103
San Bernardo, Rom 20
San Lorenzo, Florenz 51
Santa Croce, Ravenna 28
Santa Maria degli Angeli, Rom 20
Schiefer Turm, Pisa 38
Schloss Belvedere, Wien 78
Schloss Chambord 61, 62
Schloss Hämelschenburg 66
Schloss Heidelberg 64
Schloss Johannisburg 66
Schloss Neuschwanstein 94
Schloss Nymphenburg,
München 81
Schloss Sanssouci, Potsdam
84, 85, 87
Schloss Schönbrunn, Wien 77
Schloss Versailles 75, 76, 84,
Schloss Wilhelmshöhe, Kassel 75
School of arts, Glasgow 102
Semperoper, Dresden 95
Senatorenpalast, Rom 66
Severusbogen, Rom 18
Skriptorium 36
Spedale degli Innocenti,
Florenz 51, 54
Spiegelsaal, Versailles 76
Spitzbogen 39, 40
St. Barbara, Bärnbach 117

St. Elisabeth, Magdeburg 44
St. Engelbert, Köln 117
St. James, London 78
St. Maria, Köln 32
St. Michael, Hildesheim 32, 35
St. Nikolaus, Prag 75
St. Pancras Station, London 98
St. Pantaleon, Köln 32
St. Paul's Cathedral, London 77, 78
Staatsgalerie, Stuttgart 119
Stadtschloss, Berlin 77, 85
Ste-Chapelle, Paris 41, 42
Ste-Geneviève, Paris 88, 98
Ste-Madelaine, Paris 88
Stephansdom, Wien 48
St-Etienne, Sens 43
Stift Göttweig 75
Stift Melk 75
Stiftskirche, Gernrode 32
St-Martin, Tours 34
Stoa Basilike 16
Stoa Poikile 23
St-Philibert, Tournus 33
Strebewerk 41
St-Sernin, Toulouse 33

T

Tafelglas 97
Tambour 31, 39
Teatron 12
Telesterion 10
Tepidarium 20
Theater, Epidauros 13
Theatinerkirche, München 75
Tiberiusbogen, Orange 18
Tiepolofresken, Würzburg 70, 71
Timgad, Algerien 24
Titusbogen, Rom 18
Tonnengewölbe 15, 16
Trajansbogen, Benevento 18
Trajansforum, Rom 19
Trajansmarkt, Rom 19, 20
Trajansthermen, Rom 19, 20
Trajanssäule, Rom 19
Travertinpfeiler 21
Triforium 34, 41, 47
Triglyphen 8, 12
Triumphbögen 18
Triumphsäule 18
Tympanon 7, 35

U

Uffizien, Florenz 64
Unterer Belvedere, Wien 79

V

Vatopedikloster, Athos 28
Veitsdom, Prag 44, 49
Via Appia, Rom 17
Vier-Ströme-Brunnen, Rom 72
Vierung 33
Vierzehnheiligen, Oberfranken 83
Villa Hadriana, Tivoli 23
Voluten 8
Vor Frue Kirke, Kopenhagen 88
Votivkirche, Wien 93

W

Walhalla 90
Wandpfeilerkirche 61
Wartburg, Eisenach 36
Westchor 34
Westwerk 33
Wieskirche, Steingaden 81
Wimperge 43
Winterpalais, St. Petersburg 77

Z

Zeughaus, Berlin 68, 90
Zeustempel, Agrigent 7
Zeustempel, Magnesia 6
Zeustempel, Olympia 9
Zwerggallerie 35, 38
Zwinger, Dresden 82, 83